L'épuisé
Gilles Deleuze

Copyright © 1992 by Les Éditions de Minuit
Korean Translation Copyright © 2013 by Moonji Publishing Co., Ltd.
All rights reserved.

This Korean edition was published by arrangement with Les Éditions de Minuit
through Sibylle Agency, Seoul.

철학 인간

질 들뢰즈 지음
이정하 옮김

베케트의 텔레비전 단편극에 대한 철학적 에세이

문학과지성사
2013

소진된 인간

베케트의 텔레비전 단편극에 대한 철학적 에세이

제1판 제1쇄 2013년 8월 19일
제1판 제7쇄 2024년 3월 27일

지은이 질 들뢰즈
옮긴이 이정하
펴낸이 이광호
펴낸곳 ㈜문학과지성사
등록번호 제1993-000098호
주소 04034 서울 마포구 잔다리로7길 18(서교동 377-20)
전화 02) 338-7224
팩스 02) 323-4180(편집) 02) 338-7221(영업)
전자우편 moonji@moonji.com
홈페이지 www.moonji.com

ISBN 978-89-320-2425-7

차 례

옮긴이 서문　　7

소진된 인간

Ⅰ　23
Ⅱ　51

옮긴이 해제　　82
베케트의 「쿼드」 수록 작품 소개　153
베케트와 들뢰즈의 작품 목록　184

일러두기

1. 원문의 주석은 미주로 처리했으며, 본문 아래에 달린 각주는 모두 옮긴이의 것이다.
2. 단행본, 소설 작품, 정기간행물은 『 』로, 논문, 희곡, 시, 영상 작품 등은 「 」로 표시했다.
3. 본문에서 인용은 " "로, 강조는 ' '로 구분해주었다.
4. 외국의 인명, 지명, 작품명은 국립국어원의 외래어표기법을 따랐다. 단, 몇몇 인명의 경우에는 관례를 따라 표기했다.

들뢰즈/베케트의 철학/극장

다시 한 번 시도하기. 다시 한 번 망쳐버리기. 다시 한 번 더 잘 망쳐버리기.

—사뮈엘 베케트, 『최악의 방향으로』에서

극화劇化는 개념 이편, 그리고 개념이 포섭하는 재현 이편에서 작용한다. 사물의 현실적 구성이 이루어지는 역동적인 시간과 공간이 드러날 때, 개념 속에 존재하는 그대로의 자기동일성을 잃어버리지 않는 사물은 하나도 없으며, 재현 상태 그대로의 유사성을 잃어버리지 않는 사물 또한 하나도 없다. 〔……〕 카오스모스Chaosmos라 할 이 세계의 탄생, 그리고 주체 없는 운동들과 배우 없는 배역들로 이루어진 이 세계에는 필연적으로 뭔가 잔혹한 것이 있다.

—질 들뢰즈, 『차이와 반복』에서

막도 없고 무대도 없고 관객도 없다. 단지 빛이 있고, 공-간spatium이 있고, 누군가가 있을 뿐이다. 공간은 '어디나' 이되 아무 곳도 아니며, 누군가는 '누구나' 이되 아무도 아니다. 공간은 잠재적으로 큐브를 이루지만 경계는 모호하며, 그 모호한 경계 중 한 방향에는 언제나 카메라가 버티고 서 있다. 카메라는 화면 밖에 있는 듯하지만 사실상 큐브 안에 있는 신체와 맞먹는 또 하나의 신체, 또 하나의 인물이기도 하다. 그것은 공간에 포획된 '응시하는 자'이자, 공간을 포획하는 '응시하는 것'이기 때문이다. 영화적으로 말하자면, 이것은 외화면과 반응숏이 은밀히 함축되어 있는 공간이다. 그러니까 엄밀히 말하면 우리가 알고 있는 '영화적 공간'은 아니다. 공간을 만든 이는 카메라의 시선을 가리켜 '야생의 눈'이라 부를 것이다. '야수의 눈'이라 해도 좋다고 할 것이다.[1] 일어나는 모든 것은 이 시선에 낱낱이 포획되어 압인된다. 아니 이 시선에 포획되어 압인된 것만이 보여진다. 곧 여기는 위험한 공간이다. 바깥은 없다. 그러니 안도 없다. 거기에서, 즉 바깥도 아니고 안도 아니어서 빠져나갈 수도 없는, 그러나 지극히 정교하게 구획되고 측정된 공간에서, 아이처럼 조그맣게 쪼그라든 늙은 무명의 신체가 가까스로 직립을 유지하며, 그러나 거의 수학적일 만큼 정확한 리듬으로 전력을 다해 움직인다. 움직임을 반복한다. 소진된다. 즉 온 힘을 다해, 느리게, 바닥으로, 무로, 무너져내린다. 때로 걷거나, 때로 앉거나, 때로 듣거나, 때로 꿈꾸거나, 때로 미소 짓거나, 때로 한없이 낮게 흥얼거리거나, 때로 이 모두를 다시 한 번 반복하거

---

1) '야생의 눈savage eye'은 베케트 자신의 표현이다. 베케트는 이에 적합한 프랑스어로 '무자비한 눈l'œil impitoyable' '야수의 눈l'œil fauve'을 제안하기도 한다(Jim Lewis, "Beckett et la caméra," in *Revue d'esthétique*, 〈Spécial Beckett〉, 1986, p. 379, n. 1).

나…… 어쨌든 인물의, 혹은 주체 없는 정신이 된 것 같은 신체의 마지막 운동이 있다. 움직임은 매번 무언가가 일어나기 직전의 마지막 안간힘처럼 위태롭다. 무언가가 일어났다. 지나갔다…… 즉 스스로 완료됐다.

베케트S. Beckett가 1970년대 중반부터 1980년대 중반까지, 즉 그의 생애 거의 마지막 10여 년 동안 독일 국영방송 SDR (Süddeutscher Rundfunk : 남독일방송)의 제작 지원을 받아 만든 다섯 편의 텔레비전 단편극을 대략 요약하자면 위와 같다. 이 다섯 편의 단편극 중 「무엇을 어디서」를 제외한 네 편(「쿼드」「유령 삼중주」「한갓 구름만……」「밤과 꿈」)의 시나리오가 1992년 프랑스 미뉘 출판사에서 『「쿼드」 및 텔레비전 단편극들Quad et autres pièces pour la télévision』(이하『쿼드』)로 묶여 프랑스어로 번역·출간되었고,[2] 철학자 질 들뢰즈G. Deleuze가 해제를 붙였다. 「소진된 인간L'épuisé」은 이 해제를 이름한다.

그러므로 「소진된 인간」은 무엇보다 철학자 들뢰즈가 해명하는 베케트의 텔레비전 단편극의 특이성에 관한 글이다. 이

---

2) 「무엇을 어디서」는 프랑스어판 『쿼드』 선집에 포함되어 있지 않은데, 들뢰즈의 해제 「소진된 인간」에도 전혀 언급이 없다. 「무엇을 어디서」 외에도 이미 연극 무대에 올렸던 작품을 다시 텔레비전 극으로 만든 「이봐, 조」라는 작품이 있다. 들뢰즈는 「이봐, 조」가 선집에서 제외된 이유를 「소진된 인간」에서 설명한다. 「무엇을 어디서」가 선집과 해제에서 제외된 이유에 대해서는 「옮긴이 해제」를 볼 것.

해제의 독특함은, 원 텍스트에서 본문인 베케트 작품과 거의 동일한 분량을 이루며 책 무게의 절반을 떠받치고 있다는 점이다. 이것은 들뢰즈의 이전 작업들을 상기해볼 때 그리 놀라운 형식은 아니다. 『중첩Superpositions』『자허-마조흐 소개 Présentation de Sacher-Masoch』『프랜시스 베이컨: 감각의 논리 Francis Bacon: logique de la sensation』 또한 들뢰즈 철학의 특징 중 하나라 할 '이접적 조우rencontre disjonctive' '이접적 종합 synthèse disjonctive'을 예시적으로 보여주는 듯한 구조를 이루며 새로운 종합 형식으로서의 '책'을 만들어내고 있기 때문이다.[3] 이 책들은 들뢰즈 자신이 과타리와 행한 작업처럼 각기 하나이자 여럿이다. 각기 일종의 다양체를 이루는 들뢰즈의 예술비평, 예술철학적 작업들은 그 형식뿐만 아니라 내용에서, 예술을 통해 기존의 철학적 사유의 이미지를 혁신하고자 한 들뢰즈의 또 하나의 철학적 기획, 실험이다. 베케트는 이 철학적 실험에 매우 구체적이고 창조적인 '개념적 인물 personnage conceptuel'들 몇을 제공했다.

---

3) 주지하다시피 『중첩』은 극작가이자 영화감독인 베네Carmelo Bene의 극본 「리처드 3세」와 들뢰즈의 해제로 이루어졌으며, 『자허-마조흐 소개』 또한 자허-마조흐Leopold von Sacher-Masoch의 소설 『모피를 입은 비너스』와 들뢰즈의 글로 구성되어 있다. 『프랜시스 베이컨: 감각의 논리』의 경우, 한글 번역본은 베이컨의 도판과 들뢰즈의 글이 나란히 병렬되어 있지만, 원 텍스트의 초판은 베이컨의 도판과 들뢰즈의 글이 각기 독립된 낱권으로 분권되어 있다.

이미 『차이와 반복』에서, 그러니까 베케트의 이른바 '비주얼 프로젝트'에 속하는 텔레비전 단편극들이 만들어지기 훨씬 전에 들뢰즈는 와트, 머피, 말론 등 베케트 소설의 인물들을 유명한 '애벌레 주체' 개념을 통해 정의한 바 있다.[4] 코기토cogito의 주체 혹은 칸트적인 '능동적 종합'의 주체 기저에 존재하는, 응시하는 작은 주체들. 행위와 능동적 주체 기저에서, 미세한 지각들을 포착하고 물질의 순간들을 그 주위에 주름지어(수축하여) 시간을 생성시키는 수동적 주체들. 유충처럼 작고 오직 스스로의 차이와 생성만으로 우글거리는 잠재적 주체들. 이른바 '수동적 종합'의 주체들. 베케트의 극은 이 애벌레 주체들과 함께 생성되는 독특한 미시적 사건들로 구조화되는 듯하다. 인물의 행위를 사전에 무력화하는 분열증적인 신체 징후들의 다발성, 행위의 무위와 노력의 무용함, 이를 대체하는 감각적 대상/기호들의 무차별한 연쇄와 조합, 문법의 법 밖으로 혹은 이전으로 탈주하는 말들과, 시간의 고리가 뒤엉킨 어두운 심연에서 분출되는 주어를 알 수 없는 목소리들…… 베케트의 인물들은, 들뢰즈식으로 말하면, 무언가 가능한 것을 실현하거나 실재화하는 능동적 주체들이 아니다. 실현하고자 하지 않으므로 이들에게는 실패의 가능성

---

4) Gilles Deleuze, *Différence et répétition*, P.U.F., 1968, pp. 107~108.

조차 없다. 이들은 오로지 주어진 가능한 것의 가능성을 무화시키는 혹은 소진시키는 집요한 유희에 몰두하면서, 가능한 것의 실현을 무한히 연기시키거나 가능하지 않도록 하는 자들, 가능한 것의 가능성 자체를 소진시키는 자들이다.[5] 고치 속에 웅크린 번데기 유충처럼 자신을 둘러싼 세계의 가능성을 소진하는 것과 스스로 소진되는 것만이 이들의 주요한 소일거리이자 습관, 그리고 능력이다. "태어나기도 전에 포기했다"라고 말하는 베케트의 인물들이 이처럼 모든 가능한 것을 소진하고 있을 때, 이 소진의 운동과 더불어 생성되는 것(시간)이 가능한 삶 이전avant의 삶인지 아니면 이후après의 삶인지 판별하기는 쉽지 않다. 어쨌든 이 판별되지 않음이 지배하는 독특한 비기표적/비의미적asignifiant 기호들로 이루어진 삶, 세계 그리고 극劇이 있다.

이러한 베케트식 주체, 세계 인식이 들뢰즈의 철학극장에서 가장 극적인 개념적 전화를 경험하는 것은 아마도 『시네마 1: 운동-이미지』에서 『시네마 2: 시간-이미지』로 이어지는 두 권의 영화론에서일 것이다. '뇌는 스크린이다'라는 도발적인 명제와 함께 '이미지는(가) 사유한다l'image pense'라는 이

---

5) 여기서 '가능' '가능한 것'은 사실상 '잠재적인 것' '현실적인 것' 등의 개념처럼 들뢰즈의 존재론적 구도에서 해석되어야 할 특정한 규정성을 지닌 말이다. 「옮긴이 해제」를 참조할 것.

상한 사유주체를 주어로 한 문장을 유행시키기도 했던 들뢰
즈의 영화론은, 한편으로 랑시에르가 들뢰즈식 자연철학[6] 혹
은 형이상학[7]이라 비판할 만큼, 단일한 예술 형식으로서의 영
화에 대한 이론을 넘어 '영화 자체인 세계' 혹은 '메타영화
métacinéma'[8]인 세계의 존재론적 특이성을 단도직입적으로
제기한 문제작이다. 랑시에르의 지적처럼, 들뢰즈에게 '영화'
는 단지 한 예술의 이름만이 아니라 '세계의 이름'이기도 하
다.[9] 그리고 '메타영화'인 세계를 구성하는 살아 있는 물질–
이미지들의 유기적 운동의 체제를 설명하는 『시네마 1: 운
동–이미지』의 핵심에는, 들뢰즈가 '가장 위대한 아일랜드 영
화'라 불렀던 베케트의 「영화Film」(1964)가 자리하고 있다.[10]

「영화」는 베케트의 유일한 극장판 영화이다. 이 작품은 유
클리드 공간에 그려진 베케트식 인간 조건의 첨예한 다이어
그램이라 할 만큼, 앞서 말한 베케트식 세계 인식을 거의 기
하학적인 엄밀함으로 미장센화한다. 영화는 경험주의 철학자
버클리의 명제 "존재한다는 것은 지각되는 것이다esse est

---

6) Jacques Rancière, *La fable cinématographique*, Seuil, 2001, p. 148.

7) Jacques Rancière, *Les écarts du cinéma*, La fabrique, 2011, p. 12.

8) Gilles Deleuze, *Cinéma 1: l'image–mouvement*, Minuit, 1983, p. 88.

9) Jacques Rancière, *La fable cinématographique*, p. 148.

10) Gilles Deleuze, *Cinéma 1: l'image–mouvement*, pp. 97~103; "Le plus grand film irlandais," in *Critique et clinique*, Minuit, 1993, pp. 36~39.

percipi"에서 영감을 받아 만들어졌다. 인간의 존재조건이라 할 '지각'을 피하고자 하는 인물 O의 행로와, 그를 따라가는 (곧, 지각하고자 하는) 화면 밖 카메라의 동선이 만들어내는 좌표의 변이가 영화의 유일한 내용이자 스토리다. 버스터 키튼이 분한 인물 O는 그를 지각하려는 시선을 피해, 즉 (시선에) 반응réaction하여 달아나고(행동-이미지image-action), 자신을 둘러싼 지각장을 탐색하여(지각-이미지image-perception) 반응의 가능성을 모두 소거한 후, 마지막 남은 자기지각의 가능성(감정-이미지image-affection)마저 제거한다.

인물이 S(sujet, 주체)가 아닌 O(object, 대상)로 지칭되는 것에서 알 수 있듯, O의 움직임은 그의 동선의 중심축을 이루는 카메라-눈인 E의 한계로부터 빠져나갈 수 없다. 그러나 O가 그토록 피하려 한 카메라의 시선이 사실은 바로 자기 자신의 내부적 시선과 동일한 것임을 인식하게 되는 후반부에서 영화의 반전이 일어난다. 지각하는 외부적 눈 E의 시선 끝에 매달린 마리오네트이자 "신의 어릿광대"[11]라 할 O의 공간적 좌표를 의미하는 OE는 사실상 O의 E, 즉 O의 눈, '시선'이 지닌 숙명이기도 한 것이다. 그러므로 여기서 빠져나가는

---

11) Gilles Deleuze, "Pensée nomade," in *L'île déserte et autres textes: textes et entretiens 1953~1974*, Minuit, 2002, p. 358.

유일한 방법은, 빠져나가려는 노력 자체를 포기하고 오직 지각 불가능한 것이 되는 것이다. 즉 O의 죽음과 일치되는, 세계-물질 자체의 평면으로 거슬러 올라가는 것, 되돌아가는 것이다. 영화는 바로 이 O의 죽음을 암시하면서 끝난다.

그렇다면 '죽음까지 파고드는' 이 O와 E의 잔혹한 추격전의 제목이 왜 '영화'인가. 베케트는, 이 영화를 만든 것은 영화에 대한 관심 때문이 아니라 '시지각의 현상학'에 대한 관심 때문이었다고 말한다. 그런데 1945년, 그러니까 고전영화가 영화사적 영광의 정점을 향해 치닫고 있던 즈음에 메를로-퐁티는 영화에 관한 가장 주목할 만한 현상학적 논문에서 영화를 가리켜 "우리의 자발적인 지각 방식"[12]에 가장 근접한 형태라고 말한다. 일반적으로 '고전적'이라 불리는 영화 형식은 바로 이 "우리의 자발적인 지각 방식"의 구조와 흡사한 효과를 낳는 이미지의 연쇄 법칙의 '규범'에 따라 만들어진 것이기도 하다. 우리의 신체가 그토록 자발적으로, 그리고 직접적으로 영화라는 또 다른 신체에 반응하는 이유는 (영화가 '또 다른 이야기체' 형식이어서가 아니라) 바로 이 때문이다. 그러므로 베케트가 '시지각의 현상학'적 관심에서 출발하여

---

12) Maurice Merleau-Ponty, "Le cinéma et la nouvelle psychologie"(1945), in *Sens et non-sens*(1966), Gallimard, 1996, p. 63.

인간의 존재조건인 지각을 피하고자 하는 존재의 노력을 다룬 영화에 '영화'라는 제목을 붙인 것은 한편으로 놀라운 일이 아니다. 오히려 놀라운 것은, 베케트의 「영화」에서 현상학적인 '의식의 지향성'(~의 이미지)의 의미를 소거하고 베르그손적인 철학적 전회를 통해, 살아 있는 물질들의 세계 전체, 즉 운동-이미지의 유기적 운동의 구도를 추출해낸 들뢰즈의 개념적 작업이다. 살아 있는 물질-이미지, 곧 영화 이미지의 유기적 체제를 구성하는 감각-운동적 도식의 세 변이체(지각-이미지, 감정-이미지, 행동-이미지)가 바로 그 결과이다.

베케트의 「영화」와 '연대' 했던 들뢰즈의 영화론은 이른바 '포스트모던'의 이념이 전 세계를 휩쓸던 1980년대 초반에 나왔다. 그리고 10년 후, 그러니까 '미래 없는 발명품'으로 태어났던 영화가 100년의 역사를 눈앞에 두고 있던 시기에 「소진된 인간」이 발표됐다. 이번에는 베케트의 텔레비전 단편극들이 문제다. 텔레비전, 즉 이 언필칭 '바보상자'와 영화의 관계는 그리 단순하지 않다. 그러나 베케트가 본격적으로 텔레비전을 매체로 자신만의 독특한 '시각적 시'라 할 단편극들을 만들어냈던 1970~80년대가 텔레비전의 파생물인 비디오를 포함하여[13] 텔레비전 '이미지'의 물질적/재료적 가능성에 대한 실험이 가장 활발하게 이루어졌던 시기임을 간과할

수는 없다.[14] 어둠 속 스크린에 투영된 '빛의 입자들, 원자들'
이 아닌 전자적 '음극선들의 무한 흐름'으로 이루어진 이미지
의 표면, 커팅의 제약이 없는 무한 연속의 시간, 영화적 클로
즈업 역량의 상투화, 들고 나는 지각의 '공간'이 아닌 삽입,
삭제, 중첩, 터치가 가능하고 '페이지'처럼 넘겨지는 '납작한
깊이'의 공간, 무엇보다 '외화면'이 부재한 공간, 곧 큐브 아
닌 큐브…… 1970~80년대 텔레비전/비디오를 중심으로 광
범위하게 이루어졌던 실험들과 그로 인해 제기된 다양한 이
론적 논점들은 텔레비전/비디오 이미지의 잠재적 역량을 일
정 정도 과장한 감이 없지 않지만, 실험들은 유효했고 그 파

---

13) 텔레비전을 매체로 한 비디오 아트의 본격적인 출발 시점은 1960년대이다. 이
    에 대해서는 다음을 참조했다. Claudine Eizykman, "Communication:
    information-impulsion," in *Opus international*, n° 54, janvier 1975; Jean-
    Paul Fargier, "Entretien avec Nam June Paik," in *Cahiers du cinéma*, n°
    299, avril 1979.

14) "영화가 만든 것을 비디오가 창조한다"[Philippe Dubois, "Video thinks what
    cinema creates," in *Jean-Luc Godard: Son + Image 1974~1991*, Raymond
    Bellour & Mary Lea Bandy(eds.), Museum of Modern Art, 1992, pp.
    169~85]라는 말이 나올 정도로 비디오는 한 시기 영화의 대안적 매체로 각광
    을 받기도 했지만, 사실상 비디오 이미지의 물적 속성은 텔레비전의 기술적 특
    성에 근거해 있다. 비디오와 텔레비전 이미지의 특이성 및 실험에 대해서는 다
    음을 참조했다. Anne-Marie Duguet, *Vidéo, la mémoire au poing*, Hachette,
    1981; *Cahiers du cinéma*, n° hors série, 〈Télévision〉, 1981; *Cahiers du
    cinéma*, n° hors série, 〈Où va la vidéo?〉, 1986; Raymond Bellour, *L'entre-
    image*, La Différence, 1990; Frank Beau, Philippe Dubois & Gérard Leblanc
    (dir.), *Cinéma et dernières technologies*, DeBoeck Université, 1998.

장 또한 작지 않았다. 영화적 "몽타주의 역량이 결핍된"(장-
뤽 고다르) '바보상자' 이미지들은 엡슈타인이 1940년대 영화
의 "전前 물질적"[15] 상태라 칭했던 이미지의 어떤 물질적 역량
을 증언하며, 자신의 잠재적 역량을 이제야 현실화하는 듯이
보였다. 들뢰즈는 베케트의 텔레비전 단편극 실험이 오직 '텔
레비전을 통해서만 가능한' 작업이라고 강조한다. 아마도 그
것은 베케트의 텔레비전 극들이 이미지 '위'에 있는 이미지가
아닌 이미지 '안'에, '기저'에 있는 이미지, 혹은 이미지 '사
이'에 있는 이미지의 물질적 역량에 대한 동시대의 인식과 실
험을 공유하고 있기 때문일 것이다. 이 점에서 베케트의 텔레
비전 단편극들은 마치 영화의 '미분적 주체' 곧 들뢰즈식 '애
벌레 주체'의 영화적 현실화처럼 보이기도 한다.

작용도 없고 반응도 없이, 이른바 '감각-운동적' 연쇄 밖에
서, 신체로 가시화된 힘들의 미세한 변용만으로 이루어진 듯
한 베케트의 단편극들은 말 그대로 「영화」 이후에 온, 영화의
잠재태 같은 이미지들이다. 이 이미지들의 역량을 존재론적
으로 논파하고 있는 「소진된 인간」은 들뢰즈의 두 권의 영화
론 이후에 온 또 하나의 강력한 이미지론이다.

---

15) Jean Epstein, *L'intelligence d'une machine*(1946), in *Écrits sur le cinéma
    1*, Seghers, 1974, p. 260.

들뢰즈는 사실 살아생전, 두 권의 영화론을 잇는 '디지털 이미지' 혹은 잠재(가상) 이미지에 대한 또 하나의 본격적인 책을 구상했다고 전해진다. 이 '미래의 책'은 물론 오지 않았다. 오지 않은 책을 상상하는 일은 언제나 가능하다. 들뢰즈/베케트의 또 하나의 철학/극장을 상상하는 것도 가능할지 모른다. 그러나 사실 그 책은 상상할 수 있는 모든 가능한 책들과 반드시 달랐을 것이다. 모든 잠재적인 것의 현실화는, 들뢰즈의 말처럼, 예측 불가능한 창조의 과정일 터이기 때문이다.

*

들뢰즈의 「소진된 인간」은 당연히 글에 인용된 베케트의 텔레비전 단편극 네 편을 실제로 보고 시나리오를 정독한 후 읽을 것이 요구된다. 베케트 작품들은 모두 웹상에서 검색 가능하다. 옮긴이는 베케트의 원 시나리오와 텔레비전 방영본 및 그 외 인용된 작품들을 참조하여, 네 편의 단편극을 가능한 한 상세히 요약 정리해 「옮긴이 해제」 뒤에 붙였다. 베케트의 동영상 작품들과 함께 본다면, 작가 자신의 제작의도와 특히 이 책의 본문인 들뢰즈의 「소진된 인간」을 이해하는 데 작은 도움을 얻을 수 있을 것이다.

한편, 들뢰즈가 본문에서 인용한 베케트의 문장들은 모두

베케트의 원 텍스트에 따른 것이다. 그러므로 구두점이 없거
나 문법의 법을 넘어선 문장들은 모두 베케트 자신의 것이다.

소설가이자 탁월한 베케트 연구자이신 은사 이인성 선생님
께서 이 책이 나올 수 있게 큰 도움을 주셨다. 선생님께 깊이
감사드린다. 또한 책을 만들어준 친구 주일우 대표와 문지 편
집부에도 깊은 감사를 드린다.

2013년 8월

이정하

I

 소진된 인간l'épuisé은 피로한 인간le fatigué을 훨씬 넘어선다. "단순한 피로가 아니다. 나는 단순히 지친 게 아니다. 높이 올라오긴 했지만."[1] 피로한 인간에게는 더 이상 어떤 (주관적인) 가능성possibilité도 남아 있지 않다. 그러므로 그는 최소한의 (객관적인) 가능성도 실현할 수 없다. 그러나 우리는 결코 가능한 것le possible 모두를 실현하지는 않기 때문에 최소한의 가능성은 남는다. 가능한 것을 실현하면서 또 다른 가능한 것이 생겨나게 할 수도 있다. 피로한 인간은 단지 실현을 소진했을 뿐이다. 반면 소진된 인간은 모든 가능한 것을 소진하는 자이다. 피로한 인간은 더 이상 실현할réaliser 수 없다. 그러나 소진된 인간은 더 이상 가능하게possibiliser 할 수 없다. "내게 불가능한 것을 요구하기를. 좋다, 그것 말고 내게 무엇을 요구할 수 있으랴."[2] 더 이상 가능한 것은 없다. 철두철미한 스피노자주의.[1] 그 자신이 소진되어 가능한 것을 소진한 것일까, 아니면 가능한 것을 소진해버렸기에 그는 소진된 것일까? 가능한 것을 소진하면서 그는 소진된다. 그 반대이기도 하다. 그는 가능한 것에서 **실현되지 않은 것**을 소진한다. 모든 피로 너머에서, "결국 다시 한 번" 가능한 것과 끝장을 본다.

신神은 근원적인 것, 아니 모든 가능성 전체이다. 가능한 것은 오직 피로라는 파생물을 통해 실현되지만, 우리는 태어나기도 전에, 스스로를 실현하기도 전에, 혹은 무언가를 실현하기도 전에 소진될 수 있다("나는 태어나기도 전에 포기했다"[3]). 가능한 것을 실현할 때는 어떤 목적, 계획, 선호하는 것들이 관련된다. 나는 외출하기 위해 신발을 신고, 머물러 있으려고 실내화를 신는다. 내가 말을 내뱉을 때, 예를 들어 "날이 밝았어"라고 말할 때, 상대방은 "~이 가능하지……"라고 응수할 것이다. 왜냐하면 그는, 내가 이날을 무엇에 쓰려 하는지 알려고 대기 중이기 때문이다. 날이 밝았으니 나는

---

1) 스피노자의 철학에서 '가능한 것' '가능성'의 개념은 인식의 한계와 오류에서 비롯된 것이다. 「옮긴이 해제」를 볼 것.

집 밖으로 나갈 것이다……⁴ 언어는 가능한 것을 언표한다. 그러나 곧바로 이를 실현할 태세로 언표한다. 그래서 어쩌면 나는 집에 그냥 머무르면서 이날을 써버릴 수도 있고 혹은 다른 가능한 것("밤이 오다")을 위해 집에 머물 수도 있다. 그러나 가능한 것의 실현은 언제나 배제에 의해 실행된다. 가능한 것의 실현에는 항상 앞선 것을 대체하는 다양한 선호하는 것들, 목적들의 변주가 전제되어 있기 때문이다. 변주, 대체, 즉 이 모든 배타적 이접들disjonctions(밤-낮, 외출하다-귀가하다) 때문에 결국 피로해진다.

소진은 이와 전혀 다르다. 그것은 모든 선호의 순서, 모든 목적의 유기적 조직화, 모든 의미화를 포기하고 어떤 한 상황의 변수들 전체를 조합하는 것이다. 더 이상 집 밖으로 외출하기 위함도, 머무르기 위함도 아니다. 또한 낮과 밤을 활용하지도 않는다. 완수할 뿐, 더는 실현하지 않는다. 구두를 신고, 우리는 머문다. 실내화를 신고, 우리는 외출한다. 그렇지만 우리가 미분화indifférencié 상태에 빠지거나, 그 유명한 모순들의 통일성에 이르게 된 것도 아니다. 그렇다고 수동적이지도 않다. 우리 자신을 능동적으로 활성화하지만, 이는 아무것도 아닌 것, 즉 무無를 향한 것이다. 우리는 무언가로 인해 피로해졌다. 하지만 우리가 소진됐다면, 그것은 무로 인해서다. 이접들은 존속하고, 각항은 오히려 점점 더 선명하게 구분된다. 하지만 이접항들은 서로 자리를 치환하는 것 외에는 아무짝에도 쓸모가 없으므로 더 이상 나누어 좁힐 수 없는 거리 속에서 각자 긍정된다. 어떤 사건에 대해 그건 가능하다고 말하는 것으로 대략 충분하다. 왜냐하면 사건이란 항상 무로 휩쓸려 들어가 실재—사건이 열망하는—를 폐기함으로써 발생하는 것이기 때문이다. 단지 가능할 뿐인 실존이 있다. 밤이 온다, 밤이 오지 않는다. 비가 온다, 비가 오지 않는다. "그래, 나는 나의 아버지였고, 나의 아들이었다."[5] 이접은 포괄적이 되고, 모든 것은 나누어지되 바로 그 자체로 나뉘며, 가능한 것의 총체인 신은 무와 뒤섞여 구분되지 않는다. 각 사물은 바로 이 무의 변양modification들이다. "때로는 이 장난감, 때로는 저 장난감을 갖고 시간이 공간과 더불어 유희하는 단순한 놀이들."[6] 베케트의 인물들은 가능한 것을 실현하지 않고 가능한 것과 유희한다. 이들은 각자 나름대로 점점 한정되어 특수해지는 어떤 가능한 것과 해야 할 일이 너무도 많아, 무슨 일이 또 일어날지 걱정하고 있을 수도 없다. 『몰로이Molloy』에 나오는 "조약돌 빨기"의 돌멩이들의 치환permutation[2)]은 이에 대한 가장 유명한 텍스트 중 하나이다. 이

---

2) 『몰로이』의 주인공이 16개의 조약돌을 정교한 배분과 이동(순환)을 통해 외투와 바지의 주머니 네 개에 돌아가며 배치하는 것을 가리킨다.

미 『머피*Murphy*』에는 다섯 개의 작은 과자들의 조합[3]에 몰두한 주인공이 등장하는데, 이때 조합은 모든 선호의 순서를 물리침으로써 총 120가지 방식의 치환 가능성을 얻어냈기에 가능했다. "머피는 이러한 관점들에 넋을 잃고 감탄하며 풀밭 위 과자 더미 옆에 털썩 배를 깔고 누웠다. 별들처럼 과자 하나하나는 서로 다르게 빛나며, 또한 이것보다 저것, 즉 어느 것 하나를 선호하지 않을 때 비로소 각각의 진가를 알 수 있게 되리라고, 별들에 대해서만큼 공평하게 말할 수 있으리라."[7] 바틀비[4]의 베케트식 어법에 따르자면, 나는 차라리 ~ 하지 않기를 선호하련다. 베케트의 모든 작품들은, 특히 『와트*Watt*』의 복장의 계열(양말-스타킹, 반장화-구두-슬리퍼), 가구의 계열(서랍장-경대-침대머리 탁자-화장대, 똑바로 세워진-공중에 매달린-엎어져 있는-벌렁 뒤로 누운-모로 누운, 침대-문-창문-화로 등 1만 5천 가지의 배치들)[8]처럼 모조리 소모하는, 즉 소진하는 일련의 계열들séries로 점철된다. 위대한 계열식sériel 형태의 소설인 『와트』에서, 아무런 욕구 없이 존재하는 것 외에는 전혀 다른 욕구가 없는 노트Knott 씨가 행하는 조합에는 어떤 특별한 용도도 없을 것이다. 특별한 용도

---

3) 『머피』의 주인공이 점심 식사인 다섯 종류의 과자를 갖고 행하는 조합을 가리킨다.

4) 멜빌Herman Melville의 소설 『필경사 바틀비』의 주인공.

는 다른 용도들을 배제할 것이며, 그 용도에 맞는 상황들을 기대하게 할 것이기 때문이다.

조합하는 일은 포괄적 이접을 통해 가능한 것을 소진하는 기술 혹은 과학이다. 그런데 소진된 자만이 가능한 것을 소진할 수 있다면, 그것은 그가 모든 욕구, 선호, 목적 혹은 의미를 이미 다 단념했기 때문이다. 소진된 인간만이 충분히 무욕하고 빈틈없다. 그는 계획들을 짜는 대신 기꺼이 의미 없는 도표와 프로그램 들에 매달린다. 그에게는 자신이 해야 할 일을 어떤 순서로 할 것인가, 그리고 또 필요할 때, 아무것도 아닌 것을 위해, 두 가지 일을 동시에 어떤 조합으로 행할 것인가만이 중요하다. 베케트가 논리학에 끼친 큰 공헌은, 소진(온전히 다 소모하기)은 일정 정도의 생리적 소진이 따르지 않고는 일어날 수 없음을 보여준 것이다. 예를 들어 거머리의 뇌에 대해 모든 것을 알고자 했던 정신의 양심인인 거머리 인간[5]을 통해, 이상적인 과학자에게는 일종의 생체적 퇴화가 수반될 수밖에 없음을 보여준 니체처럼 말이다. 조합은 조합하는 대상을 소진한다. 그러나 이는 바로 조합하는 주체 자신이 소진됐기 때문이다. 모조리 소모시키는 것과 소모된 것,

---

5) 니체의 『차라투스트라는 이렇게 말했다』에 등장하는 인물로, 정신의 양심인은 '인식의 참된 모험에서 얻은 지식만을 존중하는 자'라는 의미이다.

조합에 몰두하려면 소진되어 있어야만 하는가, 아니면 조합하는 일이 우리를 소진시키고 또 소진으로 몰아가는가, 아니면 조합과 소진, 이 둘은 한꺼번에 일어나는 것인가? 다시한 번 포괄적 이접이다. 아마도 이것은 동일한 사물의 앞면과 뒷면 같은 것이리라. 자아의 환상적 분해와 결합되어 있는, 아니 오히려 이접되어 있는 가능한 것의 의미 혹은 그것의 첨예한 과학. 블랑쇼M. Blanchot가 무질R. Musil에 대해 한 다음과 같은 말은 또 얼마나 베케트의 진실을 얘기하고 있는가. 최상의 정확함과 극단적 와해. 수학적 공식들을 무한정 뒤바꾸고 비형태 혹은 비공식을 추구하기.[9] 이것이 소진의 두 가지 의미이다. 실재를 폐기하기 위해서는 둘 다 필요하다. 대다수의 작가들은 지나치게 예의 바른 나머지, 완전한 작품과 자아의 죽음을 선언하고는 만족해버린다. 그러나 "어떻게 그러한가comment c'est"를 보여주지 않는 한, 즉『말론 죽다 Malone meurt』에서처럼 오류를 포함하여 어떻게 '목록'을 만들지, 악취와 단말마를 포함하여 어떻게 자아가 분해되는지를 보여주지 않는 한 우리는 추상에 머물고 만다. 이중의 무죄. 왜냐면 소진된 자의 말처럼, "조합 혹은 배합의 기술은 내 잘못이 아니다. 이것은 하늘이 내린 재앙이다. 그 나머지에 대해서 나는 무죄라고 말하겠다."[10]

이것은 하나의 기술이기를 넘어 오랜 연구를 요하는 하나의 과학이다. 조합하는 자가 책상 앞에 앉아 있다. "박식한 지식의 작업대 위에서/몸이 쇠약해질 때까지/천천히 말라가는 피/음흉한 광기/혹은 음울한 노쇠……"[11] 노쇠 혹은 쇠진은 연구를 중단시키는 것이 아니라 연구의 조건이 되고 그에 수반되는 것인 만큼 외려 연구를 완성한다. 소진된 인간이 여전히 책상 앞에 앉아 있다. "손 위에 엎드려 푹 숙인 머리," 탁자 위에 놓인 손과 그 위에 얹힌 머리, 책상 위에 납작 기대어 숙인 머리. 「밤과 꿈Nacht und Träume」에서 둘로 이중화하여 다시 보여주게 될 소진된 인간의 자세. 베케트의 저주받은 인간들은 단테 이후 가장 놀라운 자세, 행동, 태도 들의 진열장이다. 그래서 아마도 맥만Macmann은 그가 "서 있기보다는 앉아 있을 때, 그리고 앉아 있기보다는 누워 있을 때 더 편안함"[12]을 느낀다고 말했던 것이리라. 그러나 이것은 소진보다는 오히려 피로에 어울리는 공식이다. 눕는다는 것은 결코 최종, 최후의 말이 아닌 그 전 단계의 말이다. 또한 충분히 휴식을 취하고 나서, 몸을 일으켜 세울 수는 없더라도 적어도 돌아눕거나 엎드려 길 수 있는 여지가 다분하다. 기어가는 자를 정지시키기 위해서는 구멍 속에 집어넣거나 항아리속에 박아두어야 한다. 그러나 더 이상 사지를 움직일 수 없는 그 안에서도 뭔가 추억을 뒤적거리며 있을 수 있다. 하지만 소진은 몸을 널 수 있게 내버려두지 않는다. 그래서 밤이

내렸지만, "오그라든 손 위로 푹 숙인 머리," 움쭉할 수 없는 손 위에 하얗게 텅 빈 머리를 얹은 이는 여전히 책상 앞에 앉아 있다. "손에 머리를 얹고 밤새 책상 앞에 앉아서…… 핏기 없는 자신의 손을 보려고 머리를 번쩍 쳐들고는 했다……" "무대 위 사방이 막힌 어둠 속에 두개골만이 빛나고……" "두 손과 머리가 조그맣게 한 덩어리를 이루고 있다……"[13] 이것은, 마지막으로 우리를 한 번 더 일으켜 세운 다음 영원히 잠들게 할 일격이 오기를 호시탐탐 기다리며, 일어설 수도 누울 수도 없이 그저 앉아서 죽음을 기다리는 가장 끔찍한 자세이다. 앉아 있으므로 회복될 수 없다. 더는 추억을 뒤적일 수도 없다. 이 점에서 흔들의자는 여전히 불완전하다. 여기에 필요한 것은 멈추는 것이다. 아마도 베케트의 누워 있는 작품과 앉아 있는 작품—이것이야말로 유일하게 궁극적인 —을 구별해야 하리라. 앉아 있는 소진과, 누워 있는 혹은 포복하거나 바닥에 버티고 서 있는 피로는 그 본성에서 차이가 있기 때문이다. 피로는 행위의 모든 상태에 영향을 미친다. 반면 소진은 단지 건망증이 심한 증인하고만 연관된다. 앉아 있는 이는, 그 자신 주위로 또 다른 이가 온갖 피로의 단계들을 전개시키며 빙빙 도는 것을 바라보고 있는 증인이다. 그는 태어나기 전부터 거기 있었고, 다른 이가 시작하기 전부터 거기 있었다. "나도 저렇게 빙빙 돌던 시절이 있었던가? 아니다. 나는 항상 여기 같은 자리에 앉아 있었다……"[14]
그런데 왜 앉아 있는 이는 이렇게 잠복하여 말과 목소리와 소
리를 지키고 있는 것일까.

언어는 가능한 것을 명명한다. 어떻게 이름 없는 것, 대상
=X를 조합할 것인가. 몰로이는 "두 개의 X"가 "서로 교차되
는 부근에서 어떤 막대 모양으로" "이어진" 기묘한 작은 사물
하나——이 사물의 네 면 중 어느 쪽을 바닥에 두고 세워도 똑
같이 안정감 있게 지탱하고 세워진 모양이 서로 구별되지도
않는다——를 눈앞에 내려다보고 있다.[15] 먼 미래의 고고학자
들이 우리 문명의 폐허에서 우연히 이것을 발견한다면, 아마
도 자신들의 습관대로 기원이나 희생 제의에 쓰인 종교적 제
물로 간주할 수 있으리라. '칼꽂이porte-couteau'[6]라는 이 사
물의 이름을 모른다면 어떻게 조합을 시작할 수 있겠는가. 그
런데 만약 조합하기가 말로써 가능한 것을 소진하고자 하는
것이라면, 일종의 메타언어를 구축해야 할 것이다. 즉 대상
들의 관계와 말의 관계가 일치하고, 이제 말은 가능한 것을
실현하려 하기보다 가능한 것에 고유한 어떤 현실, 정확히 말
하면 소진될 수 있는 현실, 곧 "제로에게 무한대와 같은 비존

---

6) 이 단어는 '휴대하다'라는 뜻의 동사 'porter'와 '칼'이라는 뜻의 명사 'couteau'
의 합성어다.

재로 곧장 향하는, 아주 조금 더 작은, 그 이상은 아닌"[16] 어떤 현실을 말 자신이 부여해줄 매우 특별한 랑그를 구축해야 할 것이다. 명제들을 열거로 대체하고 통사統辭적 관계를 조합관계로 대체하는, 원자 같고 이접적이며 단절되고 잘게 쪼개진 이 랑그를 베케트의 **랑그 I**이라 부르도록 하자. 이는 이름들의 랑그이다. 그런데 이렇게 말로써 가능한 것을 소진하기를 희망한다면, 말 자체를 소진할 수 있으리라는 희망 또한 충분해야 하리라. 이로부터 또 다른 메타언어의 필요성, 즉 **랑그 II**의 필요성이 도출된다. 랑그 II는 더 이상 이름들의 랑그가 아닌 목소리들의 랑그이다. 이는 조합 가능한 원자들이 아니라 서로 뒤섞일 수 있는 흐름들로 이루어진 랑그이다. 목소리는 언어학적 미립자들의 행로를 조종하고 이들을 배치하는 파장 혹은 흐름이다. 말로써 가능한 것을 소진할 때, 우리는 원자들을 재단하고 잘게 자른다. 그리고 말 자체를 소진할 때, 우리는 흐름들을 고갈시킨다. 이제 말과 끝장내려는 문제는 『이름 붙일 수 없는 자*L'innommable*』를 기점으로 주된 문제가 된다. 단순히 말하는 피로감이 아닌 진정한 침묵이 문제이다. 왜냐하면 "침묵을 고수하는 것이 전부가 아니라, 우리가 고수하고 있는 침묵의 종류 또한 볼 줄 알아야만……"[17] 하기 때문이다. 최후의 말은 무엇이며, 어떻게 그것을 알아볼 것인가.

가능한 것을 소진하기 위해서는 포괄적 이접으로 **가능한 것들**possibilia(대상들 혹은 '그것들')을 지칭하는 말들과 그 가능한 것들을 조합 과정에서 서로 결부시켜야 한다. 말들을 소진하기 위해서는 말을 소리내어 발음하는 **타자**들, 아니 오히려 때로 서로 뒤섞이기도 하고 때로 구별되기도 하는 흐름들 속에서 말을 내보내기도 하고 퍼뜨리기도 하는 **타자**들과 말을 결부시켜야 한다. 이 두번째 기점은 매우 복잡하지만 첫번째와 관련이 없지 않다. 즉 말들이 나를 위해 대기하고 있었던 것도 아니고, 랑그란 나와 관계없는 낯선 언어일 뿐이므로 말하는 자는 항상 **타자**이다. 말하는 자는 항상 타자, 즉 자신이 말함으로써 점유하게 되는 대상들의 '소유주'이다. 여전히 가능한 것이 문제지만 이제 이것은 새로운 방식으로 문제된다. 타자들은 목소리가 지닌 힘에 따라 언제나 변이할 수 있는 현실, 그리고 목소리가 만들어내는 침묵에 따라 폐기할 수 있는 현실을 바로 목소리로부터 부여받은 **가능한 세계들**이다. 목소리는 때로 강하기도 하고 약하기도 하다가 결국 어느 순간 (피로로 침묵하게 되어) 함몰하기에 이른다. 목소리들은 때로 갈라서고 대립하기조차 하며, 때로는 서로 뒤섞이기도 한다. 타자들, 즉 대상, 목소리를 지닌 가능한 세계들——목소리는 가능한 세계가 열망할 수 있는 유일한 현실을 이 세계에 부여한다——이 '이야기들'을 구성한다. 타자들에게는 자신들의 가능한 세계 속에서 스스로의 목소리가 자신에게 부여한 현실 이외에는 다른 어떤 현실도 없다.[18] 머피Murphy, 와트Watt, 메르시에Mercier와 기타 모든 타인들, '마후드Mahood와 그 일당,' 즉 마후드와 그 한패가 바로 그러하다.[7] 어떻게 이들과 이들의 목소리와 이들의 이야기와 끝장낼 수 있을 것인가? 이 새로운 의미에서 가능한 것을 소진하기 위해서는, '아포리아aporia'에 떨어질 것을 각오하고 다시 한 번 모조리 소모시키는 계열들이라는 문제와 대면해야 한다. 이들에 대해 말할 수 있게 되어야 할 터이지만, 만일 스스로가 계열 속으로 들어가지 않는다면, 그리고 이들의 목소리를 '연장하고' 이들에 주파되어 차례로 머피, 몰로이, 말론, 와트 등이 되지 않는다면, 그리하여 소진될 수 없는 자 마후드로 다시 떨어지지 않는다면 어떻게 결국 이들에 대해 말할 수 있게 되겠는가. 그도 **아니면 이제** 나는 계열의 한 항이 아닌 계열의 한계로서의 나 자신, 나 소진된 인간, 이름 붙일 수 없는 자, 즉 목소리

---

7) 베케트 소설(『머피』『와트』『메르시에와 카미에*Mercier et Camier*』『이름 붙일 수 없는 자』)에 등장하는 인물들이다. 메르시에와 카미에는 두 친구이며, 본문에 계속 언급되는 마후드와 웜은 『이름 붙일 수 없는 자』의 화자——움직일 수도, 말할 수도, 말하지 않을 수도 없는, 오직 하나의 '의식'으로 축소된 인간인 '나'——의 내면의 목소리가 소환하고, 동일성을 투여하고, 되고자 하는, 동일한 존재들이다. 여기서 '한패'로 옮긴 'compagnie'는 베케트의 또 다른 소설 제목이기도 하며, 아랍어 'sohba'의 의미, 즉 영적 삶을 지향하며 예언적 전통에 따라 공동체 생활을 하는 사람들의 삶의 방식을 함축한 말이다.

를 모두 잃어버려 결국 마후드의 목소리를 통해서만 나에 대해 말할 수 있고 게다가 다시 마후드가 되어야만 웜Worm으로 존재할 수 있는 '안티-마후드anti-Mahood,' 웜이 되어 어둠 속에 홀로 앉아 있는 바로 나 자신에 이르러야만 할 것이다.[19] 아포리아는 이 모든 소진된 인간들의 소진될 수 없는 계열 속에 있다. "결국 우리는 몇 명인가. 그리고 지금 이 순간 누가 얘기하고 있는가. 누구에게. 무엇에 대해." 한패를 이루는 하나의 전체를 어떻게 상상할 수 있을 것인가. 계열로 이루어진 하나의 전체를 어떻게 만들 것인가. 거슬러 올라가거나 내려가며? 그리고 어느 누군가가 다른 어떤 이에게 얘기하면 2항 계열로, 어느 누군가가 다른 이에게 또 다른 어떤 이에 대해 얘기하면 3항 계열로?[20] 계열의 한계란 항들의 무한대에 있는 것이 아니라 어쩌면 어디에나, 즉 두 항 사이, 두 목소리 사이 혹은 목소리들의 변주 사이, 흐름 속 어디에나 있을 수 있으며, 이 한계는 우리가 계열이 소진되었다는 것을 알아채기 훨씬 이전에, 즉 이미 오래전부터 더 이상 가능한 것도, 이야기도 존재하지 않는다는 것을 알게 되기 훨씬 이전에 침해되어버렸다는 것을 인정할 때, 아포리아는 해결된다.[21] 우리도 모르게, 그 자신도 모르게, 이미 오래전부터 소진된 인간. 소진될 수 없는 자 마후드와 소진된 인간 웜. 타자와 나는 동일한 인물, 동일한 이방의 언어, 사어死語이다.

그러므로 언어가 더 이상 열거와 조합이 가능한 대상들과 결부되지 않고, 말을 내보내는 목소리와도 결부되지 않는 랑그, 즉 **랑그 III**가 있게 된다. 이 랑그 III에서 언어는 끊임없이 자리를 옮기는 내재적 한계들과 결부된다. 즉 어느 순간 외부 혹은 다른 곳으로부터 무언가를 받아들여 단번에 확장되지 않으면 단순히 피로로 치부되어 이해할 수 없게 될지도 모르는 어떤 중단, 구멍, 찢겨진 틈들과 관계하게 된다. "말들이 사라져버리게 되는 중단의 순간. 더 이상 어쩔 도리가 없는 때. 그때 모든 것은 단지 그렇게 보이고. 어둠이 걷히고. 말들이 흐리게 한 모든 것의 어둠이 걷히고. 모든 것은 그렇게 말해지지 않고 보이고."[22] 이 무언가 보인 것 혹은 들린 것, 이것이 바로 **이미지**다. 시각적 이미지 혹은 음향적 이미지. 다른 두 랑그가 꽉 붙들어 매고 있는 사슬에서 해방되어야만 가능한 것. 문제는 더 이상 랑그 I과 더불어 어떤 계열 전체를 상상하거나("이성으로 더럽혀진" 조합의 상상력), 랑그 II와 더불어 이야기를 꾸며내거나 추억의 목록을 만드는 것(기억으로 더럽혀진 상상력)이 아니다. 비록 목소리는 잔인하게도 참을 수 없는 추억들로, 부조리한 이야기들로, 혹은 달갑지 않은 한패들과 함께 끊임없이 우리를 아프게 파고들고 있지만 말이다.[23] "죽은 상상력 상상하라Imagination Morte Imaginez"[8)]의 경지에 도달하기 위해 이미지에 달라붙어 있는 모든 것을 갈기갈기 찢어버리는 일은 참으로 어렵다. 어떤 개인적 흔적도, 합리적인 것조차 없이 이미지가 온전히 자신의 독특성 속에서 솟아나는 경지에 이르고, 천상의 상태와 같은 부정성不定性에 도달하여 하나의 순수한 이미지, 때 묻지 않은 이미지, 오직 하나의 이미지일 뿐인 이미지를 만들어내는 일은 참으로 어렵다. 어느 **한** 여인, **한** 팔, **하나의** 입, 눈……, 푸른색과 흰색……, 점점이 하얗고 붉은 빛이 수놓아진 초록색 약간, 개양귀비가 피고 양떼가 노니는 초원의 한 모퉁이…… "작은 무대들 그래 조명 속에서 그래 하지만 자주는 말고 그래 아니지 마치 불이 켜지듯이 그래 마치 그렇듯이 그래…… 그는 이를 천상의 삶이라 부른다 그래…… 이것은 추억이 아니다 그래 아니다……"[24]

드문드문 어떤 하나의 이미지를 **만들어내기**("만들어지다 나는 이미지를 만들었다"). 이미지의 내용이 설령 매우 빈약하고 보잘것없다 해도 예술, 회화, 음악이 이와 다른 목적을 가질 수 있을까?[25] 릭턴스타인의 60여 센티미터 높이의 도기 조각 작품[9)]에는 갈색 기둥의 나무 한 그루가 서 있고, 그 위

---

8) 베케트의 단편 「올 스트레인지 어웨이All Strange Away」(1964)의 주인공(이름도 없고 보이지도 않는)의 독백을 여는 첫 대사이기도 한 이 어구는 1966년 또다른 단편의 제목이 되기도 한다. '죽은 상상력 상상하라'는, '죽은 상상력을 상상하라'는 의미와 '상상력이 죽었다. 그러니 상상하라'는 두 가지 해석이 모두가능하다.

에는 공이 매달려 있으며 그 오른편과 왼편 양 옆의 다른 높이에는 작은 구름 조각과 하늘 한 모퉁이가 떠 있다. 이 얼마나 강렬한가! 브람 판 펠더Bram van Velde에게도 베토벤에게도 이 이상의 것을 요구할 수는 없으리라. 이미지는 때가 되었을 때("감미로운 시간……") 오는 시각적 혹은 음향적인 짧은 리토르넬로ritornello[10]이다. 『와트』의 개구리 세 마리는 **크락, 크렉, 크릭**이라는 각자 고유한 박자에 맞춰 서로 노래를 뒤섞는다. 리토르넬로-이미지들은 베케트의 책들을 횡단하며 흐르고 있다. 『첫사랑Premier amour』에서 그는 별들이 쏟아지는 하늘 한 모퉁이가 흔들리는 것을 바라보고, 그녀는 낮은 목소리로 흥얼거린다. 이미지란 이렇게 내용의 숭고함에 의해 정의되는 것이 아니라 형식, 즉 '내적 긴장'에 의해 정의된

---

9) 로이 릭턴스타인Roy Lichtenstein의 「풍경 모빌Landscape Mobile」(1990)을 가리킨다.

10) 본디 음악용어인 리토르넬로는 '리토르넬로 형식'이라는 악곡 형태의 하나로 합주와 독주가 반복되는 형식에서 나온 말이다. 주로 18세기 협주곡에서 쓰였던 리토르넬로는 독주와 독주 사이에 반복되는 총주 부분을 가리킨다. 음악의 전개와 더불어 총주 리토르넬로는 조성을 변화시켜 반복 등장하고, 이와 번갈아 연주되는 독주 또한 차이를 동반하면서 독주적 표현성을 드러낸다. 변형되면서 반복되는 계열을 이루는 리토르넬로는 들뢰즈와 과타리의 철학에서, 음악을 포함한 예술철학 일반에서, 차이를 동반하면서 반복되는 '표현 특질'의 의미로 확장된다. "영토의 구획선을 표시하고 영토적 모티브나 영토적 풍경으로 발전하는 표현 질료들의 집합 전체가 리토르넬로이다"(Gilles Deleuze & Félix Guattari, *Mille plateaux*, Minuit, 1980, p. 397). '영토적 모티브'는 주기적으로 반복되는 것을 의미하며, '영토적 풍경'은 이러한 반복을 발전시키는 차이, 곧 새로움을 의미한다.

다. 아니면 텅 빈 공백을 만들거나 구멍을 내고, 꽉 끌어안고 있던 말들을 느슨하게 하거나 목소리에서 스며 나오는 것을 바짝 말리기 위해, 또는 기억과 이성에서 벗어나기 위해 이미지가 동원하는 힘에 의해 정의된다. 때로는 텅 빈 공허 속에 버티고 있기도 하고 또 때로는 열린 공간 속에서 전율하기도 하는, 비논리적이고 건망증이 심하며 거의 실어증에 가까운 소소한 이미지.[26] 이미지는 대상이 아닌 하나의 '과정'이다. 대상의 관점에서는 단순하기 짝이 없는 이미지일지라도, 우리는 이 이미지들의 역량을 알 수가 없다. 이제 이것은 더 이상 이름이나 목소리 들의 랑그가 아닌, 소리를 울리고 색채로 물들이는 이미지의 랑그, **랑그 III**이다. 말들의 언어는 계산, 추억, 이야기 들이 언어에 무겁게 달라붙기 때문에 성가시다. 말들의 언어는 그럴 수밖에 없다. 그렇다 해도 순수한 이미지는 언어와 이름, 그리고 목소리 들 사이로 비집고 들어가야 한다. 그리하여 때로 목소리들이 입을 봉해버린 듯한 순간, 침묵 속에서 일상의 고요함을 틈타 홀연히 나타나기도 할 것이다. 그리고 때로 목소리가 흐르는 사이, 탁 하는 소리 같은 어떤 유도항을 신호 삼아 나타나기도 할 것이다. "탁 거의 1초도 지속되지 않는 겨우 존재하는 이미지 항성의 시간 바람 속으로 흩어 사라지는 푸르고 흰 빛."[27] 때로 그것은 이제 도래할 이미지, 그러나 아직은 형태가 없는 이미지의 요소들 모두를 서술하는 **안내자** 혹은 **소개자**의 목소리 같은, 미리 지정된, 이미 존재하고 있던, 아주 특별한 무미건조한 목소리가 되기도 한다.[28] 마지막으로, 때로 목소리는 자신의 혐오, 애착, 선하지 않은 의지를 말끔히 소탕해버리고, 음악에 이끌려가다가 마치 가곡lied에서처럼 도리어 언어적 이미지를 만들어내는 말이 되거나, 아니면 시에서처럼 그 자신이 이미지의 음악과 색채를 만들어내는 말이 되기도 한다.[29] 그러므로 랑그 III에서 말과 목소리는 이미지와 결합할 수 있다. 그러나 이것은 특수한 조합에 따른 것이다. 랑그 I은 소설의 랑그였고, 그 정점은 『와트』였다. 랑그 II는 소설을 통해 다양한 길을 제시하고(『이름 붙일 수 없는 자』) 연극에 푹 빠졌다가 라디오에서 만개한다. 그러나 소설에서 태어난(『어떻게 그러한가Comment c'est』) 랑그 III는 연극을 거쳐(「오 아름다운 나날들Oh les beaux jours」「무언극Act sans paroles」「파국Catastrophe」) 마침내 텔레비전에서 배합의 비밀, 즉 매번 형태를 이루어가는 이미지에 사전 녹음한 목소리를 결합하는 방식을 발견한다. 텔레비전-작품이 지닌 특수성이 있는 것이다.[30]

언어의 외부는 단지 이미지만이 아니라 "광막함," 곧 공간이기도 하다. 랑그 III의 실행은 단지 이미지만이 아니라 공간과도 함께 이루어진다. 또한, 이미지란 아무리 철저히 규정되어 있어도 부정성不定性에 도달해야 하듯이, 공간 역시 그 전체가 기하학적으로 규정되었다 해도(일정한 밑변과 대각선을 지닌 사각형, 어떤 영역을 지닌 원, '둘레 50미터와 높이 16미터'의 원기둥) 항상 임의의 공간, 용도에서 이탈된 공간, 용도가 없는 공간이어야 한다. 임의의 공간이 채워지고 주파된다. 우리가 채우고 주파하는 것은 바로 이 임의의 공간이다. 그러나 이 공간은 모든 가칭假稱의 공간적 연장延長들과 대립하며, "지상의 모든 걸음들로는 결코 다가갈 수도 멀어질 수도 없는, 여기도 아니지만 다른 곳도 없는" 곳으로 정의된다.[31] 이미지를 하나의 시각적 혹은 음향적 리토르넬로로 만들어내는 이에게 비로소 이미지가 그 모습을 드러내듯, 공간 또한 태도, 자세, 거동 들과 같은 운동적 리토르넬로처럼 공간을 주파하는 이에게 그 모습을 드러낸다. 이 모든 이미지들이 구성되고 해체된다.[32] 이미지들을 시동시키는 탁bing 하는 소리와 공간의 여러 방향들로 이상한 운동들을 시동시키는 자hop 하는 소리는 서로 뒤섞인다. 걷는 방식 또한 노래처럼, 혹은 색채로 물들여진 짧은 순간의 비전처럼 하나의 리토르넬로이다. 특히 북쪽으로 상체를 틀고 남쪽으로 오른쪽 다리를 뻗으면서 동쪽으로 가다가, 다시 남쪽으로 상체를 틀고 북쪽으로 왼쪽 다리를 뻗는 와트의 행동을 보라.[33] 이러한 행동 방식은 동서남북 사방을 동시에 모두 탐색한다는 점(그 네번째 기점은 분명 우리가 출발했으되 멀어진 적이 없는 바로 그 방향이다)

에서 모조리 소모시키는 것임을 알 수 있다. 문제는, 어쨌든 직선으로 나아가면서 가능한 모든 방향을 다 주파하는 것이다. 직선과 면, 면과 부피는 동등하다. 이것은 공간에 대한 고려와 함께 소진에 새로운 의미와 대상이 부여된다는 것을 의미한다. 즉 소진은 여기서 어떤 임의의 공간의 잠재성들을 소진시킨다는 것이다.

사건의 실현이 공간에서 가능한 한, 공간은 잠재성을 향유한다. 그러므로 공간은 실현에 앞서 있으며, 잠재성 또한 그 자체로 가능한 것에 속해 있다. 그런데 이미지야말로 바로 이 같은 경우가 아니었던가. 즉 이미지야말로 가능한 것을 소진하는 특수한 방식을 이미 제시해주지 않았던가 말이다. 이제 이미지는 마치 공간 너머 텅 빈 공허 속에서, 말과 이야기, 추억에서도 멀리 떨어져, 스스로 소멸하면서 폭발시키게 될 엄청난 잠재적 에너지를 비축하고 있는 것처럼 보인다. 이미지에서 중요한 것은 그 초라한 내용이 아니라, 이미지가 포획하고 있는 폭발 직전의 강렬한 에너지다. 그렇기 때문에 이미지는 결코 오래 지속되지 않는다. 이미지는 그 농축된 에너지의 폭발, 연소, 소멸과 하나가 된다. 마치 최종 미립자들처럼 이미지는 결코 오래 지속되지 않는다. 그리하여 탁 하는 소리는 "거의 1초도 지속되지 않는 겨우 존재하는 이미지"를 불러일으킨다. "지긋지긋해, 이미지들이란"이라고 인물이 말할 때, 그것은 단지 인물이 이미지에 싫증이 났기 때문이 아니라, 이미지란 오직 순간적으로만 존재할 뿐이기 때문이다. "더 이상 푸른빛은 없다 푸른빛이 사라졌다."[34] 이미지를 지속시킬 수 있는 어떤 실체——아마도 예술일——를 발명해내기는 불가능할 것이다. 즉 이미지는 은밀한 쾌락의 순간, 찰나적 시선의 순간 동안 지속할 뿐이다("파테르 선생의 미소를 바라보며, 그 앞에서 3분 동안 서 있었다"[35]). 이미지를 위한 어떤 시간, 이미지가 나타나 개입해 들어와 말들의 조합과 목소리의 흐름을 깨뜨리는 어떤 절묘한 순간, 위니Winnie가 감미로운 **시간**을 노래할 수 있으리라 느끼는, 이미지를 위한 시간이 존재한다. 그러나 그것은 종말에 아주 가까이 다가간 순간, 최후의 시간에 근접한 시간이다. 흔들의자는 자신의 종말을 향해 가면서, "점점 **빠르게**" "점점 **급박하게**" 돌진해가서, 거기에 모든 가능한 것을 내던져버리고 곧바로 갑작스럽게 멈춰버리는 운동적 리토르넬로이다.[36] 이미지의 에너지는 흩어진다. 이미지는 신속하게 끝나고 흩어져 소멸된다. 이미지란 그 자체로 끝장내는 수단이기 때문이다. 이미지는 모든 가능한 것을 포획하여 이를 폭발시킨다. "나는 이미지를 만들었다"고 말할 때, 그것은 이제 끝났다, **더 이상 가능한 것은 없다**는 의미이다. 우리로 하여금 계속하도록 떠미는 유일한 불확실성, 그것은 화가나 음악가 들조차 이미지를 만들어내는 데 성공했다고 결코 확신할 수 없다는 것이다. 어떤 위대한 화가라 해도 임종의 순간에 단 하나의 이미지, 사소하고 단순하기 그지없어도 유일한 단 하나의 이미지를 만들어내지 못했음을 스스로 한탄하지 않았던 자가 있었겠는가. 그러므로 무엇보다 종말, 모든 가능성의 끝에서야 우리는 우리가 이미 그것을 이뤘음을, 우리가 이제 막 이미지를 만들었음을 알게 된다. 이것은 공간에 대해서도 마찬가지다. 이미지가 본성적으로 아주 짧은 순간 지속하는 것이라면, 공간은 어쩌면 매우 제한된 장소, 즉 위니가 "땅이 꼭juste 적절하군"이라고 말할 때, 그리고 고다르가 "단지juste 하나의 이미지일 뿐"이라고 말할 때의 의미와 같은, 위니를 옥죄는 만큼의 제한된 장소일 것이다. 가까스로 겨우 공간을 이룬 이 공간은, 미시-시간으로 이루어진 이미지처럼 "바늘구멍" 크기로 수축된다. 동일한 검은빛, "결국 어떤 재灰로써만 표현될 수 있을 어떤 검은빛" "탁 하고 침묵 자 하고 완료."[37]

그러므로 가능한 것을 소진하는 방법은 네 가지다.

— 사물들을 남김없이 소모시키는 계열을 구성하기
— 목소리의 흐름을 고갈시키기
— 공간의 잠재성을 쇠진시키기
— 이미지의 역량을 흩뜨려 소멸시키기

소진된 인간, 그는 다 써버린 인간, 고갈된 인간, 기진맥진한 인간, 탕진한 인간이다. 마지막 두 방식은 이미지와 공간의 랑그라 할 랑그 III에서 하나가 된다. 랑그 III는 아직도 여전히 언어와 관계하고 있지만, 언어의 구멍, 간극 혹은 침묵 속에 꼿꼿이 서 있거나 그 속에서 팽팽히 긴장하고 있다. 이 이미지는 때로 그 자체의 침묵을 통해 작동하기도 하고, 또 때로는 이미지를 소개하는 녹음된 목소리를 이용하기도 하며, 심지어 말에게 이미지, 운동, 노래, 시가 될 것을 강제하기도 한다. 분명 이 이미지는 장편 및 단편 소설에서 태어나 연극을 거쳐 생성됐지만, 앞의 둘과는 구별되는 자신만의 고유한 작동 방식을 텔레비전에서 성취해낸 듯하다. 「쿼드 Quad」는 침묵이, 때로는 음악이 함께하는 **공간**이라 할 수 있을 것이다. 「유령 삼중주Trio du Fantôme」는 소개하는 목소리와 음악이 함께하는 **공간**일 것이다. 「한갓 구름만………que nuage…」은 목소리와 시가 함께하는 **이미지**일 것이다. 「밤과 꿈」은 침묵, 노래, 그리고 음악이 함께하는 **이미지**일 것이다.

미주

1 Samuel Beckett, *Nouvelles et textes pour rien*, p. 128.

2 Samuel Beckett, *L'innommable*, p. 104.

3 Samuel Beckett, *Pour finir encore et autres foirades*, p. 38.

4 Brice Parain, *Sur la dialectique*, Gallimard, pp. 61, 130 참조: 언어는 "있는 것을 말하는 것이 아니라, 있을 수 있는 것을 말한다…… 당신이 천둥이 친다고 말할 때, 시골에서라면 누군가는 이렇게 응수할 것이다. 가능해, 그럴 수 있어…… 날이 밝았다고 내가 말할 때, 그것은 결코 날이 밝았기 때문이 아니라…… 바로 내가, 나에게만 해당하는 어떤 의도, 그리고 날이 밝았다는 것은 단지 그에 대한 기회, 변명, 논거일 뿐인, 실현해야 할 어떤 의도를 갖고 있기 때문이다."

5 Samuel Beckett, *Nouvelles et textes pour rien*, p. 134.

6 Samuel Beckett, *Watt*, p. 75.

7 Samuel Beckett, *Murphy*, p. 73.

8 Samuel Beckett, *Watt*, pp. 208~209, 212~14. 프랑수아 마르텔

은 베케트의 『와트』 연구에서 조합의 과학, 계열, 이접 등에 대한 매우 엄밀한 분석을 시도한 바 있다(François Martel, "Jeux formels dans *Watt*," in *Poétique*, n° 10, 1972). 『말론 죽다』의 다음 문장 또한 참조할 것: "모든 것은 그 자체로 나뉜다"(Samuel Beckett, *Malone meurt*, p. 13).

9 Maurice Blanchot, *Le livre à venir*, Gallimard, p. 211. 가능한 것의 의미를 극도로 격앙시키기, 바로 이것이 무질Robert Musil의 『특성 없는 남자*L'homme sans qualités*』의 일관된 주제이다.

10 Samuel Beckett, "Assez," in *Têtes-mortes*, p. 36.

11 텔레비전 작품 「한갓 구름만……」에 영감을 준 예이츠W. B. Yeats의 동일 제목의 시와 비교해볼 것.

12 Samuel Beckett, *Malone meurt*, p. 129.

13 Samuel Beckett, *Cap au pire*, p. 15; *Soubresauts*, pp. 7, 13; *Pour finir encore*, pp. 9, 48.

14 Samuel Beckett, *L'innommable*, p. 12.

15 Samuel Beckett, *Molloy*, p. 83.

16 Samuel Beckett, *Mal vu mal dit*, p. 69.

17 Samuel Beckett, *L'innommable*, p. 44. 또한 Edith Fournier, *Revue d'esthétique*, 〈Samuel Beckett〉, Éd. Privat, p. 24를 참조할 것: "베케트는 필요하면, 문장이나 단어가 아닌 그 흐름들을 가차 없이 혹독하게 다룬다. 베케트의 위대함은 이 흐름들을 고갈시킬 줄 알았다는 것이다……"

18 『이름 붙일 수 없는 자』의 위대한 '이론'은 바로 여기서 원환 속으로 떨어지는 것처럼 보인다. 인물들의 목소리가 어쩌면 인물들 자신과는 다른 '주인들'에 속한 것일지도 모른다는 생각은 이로부터 나온 것이다.

19 Samuel Beckett, *L'innommable*, pp. 103 이하.

20 Samuel Beckett, *Comment c'est*, p. 146; *Compagnie*.

21 Samuel Beckett, *L'innommable*, p. 169.

22 Samuel Beckett, *Cap au pire*, p. 53. 1937년 독일어로 쓴 한 편지 (*Disjecta*……, Éd. Calder, Londres)에서도 이미 이와 유사한 생각을 엿볼 수 있다: "단번에 언어를 제거하기란 불가능하기 때문에, 적어도 언어의 가치를 떨어뜨리는 데 기여할 그 어떤 것도 간과해서는 안 될 것이다. 차례로 언어에 구멍을 내기, 그 뒤에 웅크리고 있는 것—그것이 무엇이든, 아니면 아무것도 아니든—이 구멍을 통해 조금씩 스며 나올 때까지"(『최악의 방향으로*Cap au pire*』에서는 이와 다르게 "단 한 방울도 흘러나오지 않는다"라고 썼다).

23 특히 『한패*Compagnie*』에 잘 나타나 있듯이, 이미지는 빈번히 회상-이미지에서 벗어나지 못한다. 또한 목소리는 때로 매우 잔인한 추억을 억지로 회상하도록 강요하는, 비뚤어진 의지에 추동되기도 한다. 「이봐, 조*Dis Joe*」(『코미디와 잡극*Comédie et actes divers*』에 수록된 텔레비전 극)에서 볼 수 있는 것이 바로 그와 같은 것이다.

24 Samuel Beckett, *Comment c'est*, p. 119. 푸른색 약간, 흰색 약간, '천상의 삶'에 대해서는 pp. 88, 93, 96을 볼 것.

25 Samuel Beckett, *L'image*, p. 18(또한 *Comment c'est*, p. 33 참조: "아름다운 이미지 다시 말해 움직임 색채로 아름다운 이미지……").

26 Samuel Beckett, *Le monde et le pantalon*, p. 20. 브람 판 펠더와 게어 판 펠더Geer van Velde의 서로 다른 두 유형의 이미지, 즉 얼어붙은 이미지와 전율하는 이미지에 대한 부분도 참조할 것.

27 Samuel Beckett, "Bing," in *Têtes-mortes*. 탁 하는 소리는 대개 어떤 하나의 이미지를 동반하고 웅얼거림 또는 침묵을 시동시킨다.

28 텔레비전 극 「유령 삼중주」의 목소리를 생각해볼 것. 「파국Catastrophe」에서 조감독의 목소리와 연출자의 목소리는 만들어내야 할 이미지를 서술하기 위해, 그리고 이미지를 만들어내기 위해 서로 어

울려 화답한다.

29 「말과 음악Paroles et musique」(『코미디와 잡극』에 수록된 라디오
극)은, 음악에 따르기를 거부하고 개인적인 추억을 되찾기에만 골
몰하고 있는 말의 나쁜 의지를 목도하게 한다.

30 텔레비전 작품은 여기 언급된 네 작품〔「유령 삼중주」(1975), 「한갓
구름만……」(1976), 「밤과 꿈」(1982), 「쿼드」(1982)〕과, 『코미디
와 잡극』에 수록된 「이봐, 조」(1965)를 포함한다. 첫번째 작품인
「이봐, 조」가 왜 여기서 제외됐는지는 차후 얘기하게 될 것이다.

31 Samuel Beckett, *Pour finir encore*, p. 16.

32 동물의 세계에서의 영역 표시나 혼례 퍼레이드에서 볼 수 있듯, 리
토르넬로는 단지 외치는 소리나 노래만으로 이루어진 것이 아니라
색깔, 자세, 움직임 들로도 이루어진다. 인간의 리토르넬로도 마찬
가지다. 펠릭스 과타리는 프루스트 작품에 나타나는 리토르넬로의
역할을 연구한 바 있다(Félix Guattari, "Les ritournelles du temps
perdu," in *L'inconscient machinique*, Éd. Encres, 1979). 예를
들어 뱅퇴유의 소악절은 색채와 자세, 움직임과 조합을 이룬다.

33 Samuel Beckett, *Watt*, p. 32.

34 Samuel Beckett, *Nouvelles et textes pour rien*, pp. 119~21:
Comment c'est, pp. 125~29.

35 Samuel Beckett, *Le monde et le pantalon*, p. 20.

36 Samuel Beckett, *Murphy*, p. 181.

37 Samuel Beckett, *Pour finir encore*, p. 16: "Bing," in *Têtes-
mortes*, p. 66.

II

한마디 말도 없고 목소리도 없는 「쿼드」에는 그냥 **어떤** 사변형, 어떤 **하나의** 정사각형이 있다. 그래도 이것은 완벽하게 규정되어 있고 그에 걸맞은 차원들을 지닌다. 하지만 이 정사각형은 등거리상의 꼭짓점과 중심이라는 형식적 독특성 외에는 다른 어떤 규정성도 없으며, 그 위를 쉴 새 없이 주파하는 유사한 형태의 네 인물 말고는 다른 어떤 내용물이나 점유자도 없다. 이것은 총체적으로globalement 정의된, 어떤 임의의 닫힌 공간이다. 작고 마르고 성별이 구별되지 않는, 두건 달린 망토를 뒤집어쓴 인물들조차 각자 하나의 방위와도 같은 꼭짓점에서 출발한다는 것 외에는 다른 어떤 독특함도 없다. 각자 하나의 흐름에 따라 주어진 방향으로 정사각형을 주파하는 임의의 인물들. 이들을 구분할 수 있는 조명, 색채, 타악기, 발소리 등을 부여하는 일은 언제나 가능하리라. 그러나 그러한 방식은 이들을 인지하기 위한 것이다. 인물들은 각자 오직 공간적으로만 규정되어 있을 뿐, 이들 자체로는 순서와 위치 이외의 다른 어떤 것에 의해서도 변용되지 않는다. 이들은 변용될 수 없는 공간 속의, 변용되지 않는 인물들이다.「쿼드」는 스윽스윽 실내화 끄는 소리가 음악 역할을 하는, 본질적으로 운동적인 리토르넬로이다. 쥐들처럼 보이기도 하리라. 리토르넬로의 형식은 계열을 이루지만, 여기서 계열은 더 이상 조합해야 할 대상들과 관련된 것이 아니라 대상 없는 주파선들과 관련될 뿐이다.[1] 계열에는 **순서**가 있고, 이 순서에 따라 사각형의 네 모서리에서 인물들이 나타나고 사라지면, 그에 따라 계열은 증가하고 감소했다가 다시 증가하고 또 감소한다. 즉 이것은 하나의 캐논이다. 계열은 인물들이 주파하는 일련의 계속된 선분들, 즉 변, 대각선, 변……등에 따라 연속적인 하나의 **흐름**을 이룬다. 계열은 하나의 **집합**이다. 베케트는 이 집합의 성격을 다음과 같이 묘사한다. "네 명의 솔로가 가능함. 모두 이렇게 소진됨. 여섯 쌍의 듀오가 가능함. 모두 이렇게 소진됨(각 쌍은 **두 번씩 반복함**). 네 쌍의 트리오가 **두 번씩** 가능함. 모두 이렇게 소진됨." 그리고 한 쌍의 콰토르가 네 번 반복함. 움직이는 물체들이 나타났다 사라지는 컨베이어 벨트처럼 대상이 없는 움직임인 만큼, 움직임은 순서, 흐름, 집합으로 인해 더욱 가차 없이 진행된다.

베케트의 텍스트는 더할 나위 없이 명확하다. 여기서 문제는 공간을 소진하는 것이다. 인물들이 피로해가고 있다는 것은 의심할 여지가 없다. 이들의 발걸음은 점점 더 질질 끌리게 될 것이다. 그러나 피로는 무엇보다 이 시도의 사소한 측면, 즉 가능한 조합이 몇 번 실현될 수 있는지와 관련된다(예를 들어 두 쌍의 듀오는 두 번씩 실현되며, 네 쌍의 트리오는 두 번 실현되고 한 쌍의 콰토르는 네 번 실현된다). 인물들은 실현되는 숫자가 쌓일수록 피로해진다. 그러나 이 숫자와 별 상관없이, 가능한 것의 완수는 소진된 인물들, 그리고 가능한 것을 소진하는 인물들에 따른다. 여기서 문제는, 소진과 피로가 혼동될 수 없는 것이라면 과연 소진은 무엇과 관련해 정의될 수 있는가 하는 것이다. 인물들은 사각형의 네 모서리, 변과 대각선에서 실현하고 피로해진다. 그러나 이들은 대각선이 서로 교차하는 지점, 즉 사각형의 중심에서 완수하고 소진된다. 바로 거기가 사각형의 잠재성인 듯하다. 잠재성은 이중으로 가능한 것이다. 그 자체로 가능한 사건이 고려의 대상이 된 공간 속에서 실현되는 것, 이것이 가능성이다. 어떤 것이 **스스로** 실현될 가능성과, 어떤 지점이 바로 **이를** 실현할 가능성. 사각형의 잠재성이란 곧 사각형을 채우고 있는 운동하는 네 신체가 계열의 순서와 흐름에 따라 둘, 셋, 혹은 넷으로 서로 조우할 수 있는 가능성을 가리킨다.[2] 중심은 바로 이 신체들이 서로 조우할 수 있는 장소이다. 그리고 이들의 조우 또는 충돌은 여타의 사건들 중 하나에 불과한 것이 아니라, 사건의 유일한 가능성, 다시 말해 해당 공간의 잠재성이다. 공간을 소진하기, 그것은 모든 조우를 불가능하게 하면서 공간의 잠재성을 탈진시키는 것이다. 이제 문제는 중심에서의 가벼운 접속 차단, 비껴가기, 간격, 중단, 일단 멈춤, 싱코페이션syncopation 등, 조우를 미리 예견하고 이를 피하는 빠른 몸 돌림 혹은 짧은 급선회로 해결된다. 반복 행위로는 이러한 몸짓의 단호하고 절대적인 성격을 전혀 제거할 수 없다. 신체들은 상대적으로 서로의 몸을 피하지만, 각자 중심을 절대적으로 피한다. 이들은 중심에서 서로 몸을 피하기 위해 비껴서 가지만, 또 제각기 솔로에서도 중심을 피하기 위해 비껴서 간다. 탈잠재화하는 것은 공간, 즉 "둘도 아니고 오직 단 하나의 신체만이 교차할 수 있을, 딱 그만큼만 넓은 궤도"이다.[3]

「쿼드」는 발레와 흡사한 작품이다. 모던 발레와 베케트의 작품은 전체적으로 아주 많은 점에서 일치한다. 수직적 직립 자세가 지닌 모든 특권의 포기, 직립을 유지하려는 신체들의 유착, 특정한 공간의 연장延長을 임의의 공간으로 대체하기, 모든 이야기 혹은 서술을 자세와 태도의 논리라 할 '게스투스

gestus'[1]로 대체하기, 미니멀리즘의 추구, 걸음과 그 우발적 사건들에 춤을 투여하기, 몸짓의 불협화음을 이뤄내기 등…… 베케트가 「쿼드」의 보행자 역에 '일정 정도의 춤 경력'을 주문한 것은 당연하다. 그것은 걸음걸이 때문이기도 하지만 중단, 휴지부, 불협화음 때문에 요구된 것이다.

「쿼드」는 또한 음악 작품과도 흡사하다. 베토벤의 피아노 삼중주 「유령」은 베케트의 또 다른 텔레비전 단편극에 등장하며, 그 작품의 제목으로 쓰이기도 한다. 그런데 베케트가 그 작품에 사용한 피아노 삼중주 「유령」의 제2악장은 두 개의 모티프, 두 개의 리토르넬로로 이루어진 주제의 구성과 해체, 그리고 재구성의 과정을 보여준다. 그것은 강박적이고 끈질긴 연속적 선율이 주파하는 음향적 표면, 곧 선율과 화성의 선들로 다소 밀도 있게 구성된 주제의 상승과 쇠락으로 보인다. 하지만 이와 전혀 다른 것도 존재한다. 먼저 저음부에 위협처럼 제시되며 나타나, 피아노의 트릴trille 혹은 흔들림으로

---

1) 주지하다시피 '게스투스'(라틴어로 '몸짓' '형'을 의미한다)는 브레히트가 서사극의 '소격 효과'를 위한 새로운 연기 방식으로 제안한 개념이다. 배우는 자신의 신체적 자세, 태도, 시선, 목소리의 억양 및 기타 신체 언어를 통해 다른 인물과의 '사회적 관계' '사회적 의미'를 드러내야 한다. 즉 브레히트적 의미에서 게스투스는 무엇보다 '사회적'인 것이다. 들뢰즈는 『시네마 2: 시간-이미지』에서 이야기나 줄거리, 특히 행동-이미지의 구도에 종속되지 않는 신체들의 자세, 태도, 관계 및 신체의 직접적인 극화 방식을 지칭하기 위해 '게스투스' 개념을 사용한다.

표현된 일종의 중심의 침식. 그것은 마치 음향의 표면에 구멍을 내어 유령 같은 차원으로 침잠하면서——불협화음은 단지 침묵에 휴지부를 두기 위해 올 뿐이다——또 다른 조성으로 이행하기 위해서인 것처럼, 아니면 **그저 헛되이** 조성에서 벗어나려는 것처럼 보인다. 이것이 바로 베케트가 베토벤에 대해 얘기할 때마다 강조하는 것이다. 이제껏 들을 수 없었던 전대미문의 불협화음의 기교, 흔들림, 중단, "파열의 휴지부," 열리고 빠져나가고 심연으로 가라앉은 것이 부여하는 어떤 강세, 단지 마지막 종말의 침묵만을 강조할 뿐인 어떤 간극.[4] 베토벤의 피아노 삼중주 「유령」이 이러한 특징을 효과적으로 제시하고 있다면 「쿼드」와 그토록 잘 어울릴 법도 한데, 왜 이 작품에 수반되지 않은 것일까. 왜 다른 작품과 운을 맞추고 있는 것일까. 그것은 아마도 「쿼드」에는 음악이 예시될 필요가 없었기 때문일 것이다. 음악은 다른 곳에서 자신의 유령 같은 차원을 달리 발전시키면서 하나의 역할을 부여받게 될 터이니 말이다.

「유령 삼중주」는 목소리와 음악을 포함한다. 「유령 삼중주」 또한 공간과 관련되지만, 이는 「쿼드」와는 전혀 다른 방식으로 공간의 잠재성을 소진하기 위해서다. 먼저 공간을 점유하고 있는 바닥, 벽, 문, 창문, 침상 등의 요소들을 특징으로 갖는 어떤 공간의 연장을 생각해볼 수 있으리라. 그러나 이 요소들은 탈기능화되어 있고, 카메라가 클로즈업으로 이들을 비추는 동안, 즉 같은 공간 속에서 색조의 미묘한 차이에 의해서만 구별될 뿐인 이 서로 대등하고 동질적인 네모난 회색빛 부분들을 카메라가 비추는 동안, 목소리는 차례로 이들을 이름 붙여 호명한다. 순서대로 어떤 바닥 모형 **하나**, 벽 모형 **하나**, 손잡이 없는 문 **하나**, 불투명한 창문 **하나**, 위에서 내려다본 침상 **하나**. 공간 속의 대상들은 공간의 부분들과 정확히 일치한다. 그러므로 이것은 앞서 정의한 의미 그대로, 완전히 규정된 임의의 공간이다. 그러나 이것은 「쿼드」에서처럼 총체적으로 규정된 것이 아니라, 국지적으로만localement 규정되어 있다. 즉 일련의 연속된, 동등한 회색 띠 모양의 지대를 이루고 있다. 이것은 클로즈업숏들로 이루어진 임의의 파편화 공간, 로베르 브레송R. Bresson이 그 영화적 사명을 지적한 바 있는 파편화 공간이다.[2] 파편화는 "재현으로 떨어지지

2) 영화사에서 '숏'의 대응 개념으로 '파편fragment'이라는 말을 사용한 대표적인 감독은 에이젠슈테인과 브레송이다. 브레송의 의미에서 '파편'이란 말 그대로 "절대적 가치가 없는"(Robert Bresson, *Notes sur le cinématographe*, Gallimard, 1988, p. 33) 이미지, 자기 완결적이지도, 자기 충족적이지도 않은 이미지를 가리킨다. 그 자체로는 비의미적(비기표적, asignifiant)이고 비표현적in-expressif인 이미지인 '파편'만이 다른 이미지(파편)와 만나 변화하고 변형되어 함께 새로운 형태, 의미를 만들어낼 수 있다. 영화적 진실(브레송의 의미에서 '시네마토그래프'적 진실)이란 미리 주어진 것이거나 재현해야 할 것이 아니라,

않으려면 필수적이다. 부분들을 서로 고립시킬 것. 이 부분들이 새로운 의존관계로 결합할 수 있도록 각기 독립적이게 할 것."[5] 새로운 접속을 위해 이들을 탈접속할 것. 파편화는 국지적 방법을 통해 공간을 탈잠재화하는 첫걸음이다.

물론 전체 공간은 먼저 공간 모두를 담은 풀숏으로 주어져 있는 상태다. 그러나 그렇다 해도 카메라가 폐쇄된 평면 같은 공간 외부에 높이 고정되어 설치돼 있고, 반드시 연속으로 촬영되어야 했던 「쿼드」와는 상황이 다르다. 물론 어떤 전체 공간은 줌의 작동과 함께, 고정되고 정지된 상태에서 중단 없이 연속적으로 돌아가는 카메라의 힘만으로 소진될 수 있다. 이렇게 만들어진 유명한 예가 마이클 스노M. Snow의 「파장Wavelength」이다. 이 영화에서 줌은 45분 동안 어느 임의의 사각형 공간을 탐색하는데, 카메라가 점점 줌인해 들어갈수록 공간에서 일어난 사건들은 이중인화된 네거티브 이미지가 보여주듯 단지 유령 같은 실존성만을 부여받고는 이내 방기된다. 결국 줌은 최종적으로 공간 안쪽 벽에 걸린 텅 빈 바다 이미지와 합치되면서 탐색을 완료하고, 바로 이 텅 빈 바다 이미지 속으로 공간 전체가 잠겨 들어간다. 이것은 "순수한 잠재성의 점

이미지/파편들의 이러한 만남과 관계로 이루어지는 '파편화' 과정을 통해 '발견' 되고 '조우'하게 되는 것이다.

진적 감소에 관한 이야기"[6]라 할 수 있으리라. 그러나 베케트가 특수효과를 좋아하지 않는다는 사실은 차치하고서라도, 국지적 재구조화의 과정에서 발생하는 시점의 문제와 관련한 조건들 때문에 카메라는 트래블링으로 계속 움직이되, 독립된 절단면들로 이어지는 불연속적 흐름을 만들어낼 것이 요구된다. 이리하여 모든 것이 명확히 표시되고 수치화된다. 「유령 삼중주」의 공간이 동쪽, 북쪽, 서쪽, 이 세 측면상에서만 규정되고, 남쪽은 움직이는 내벽과도 같은 카메라로 구성된 것은 이 때문이다. 이것은 중심의 단일한 잠재성만 있던 「쿼드」의 닫힌 공간과 달리, 동쪽의 문, 북쪽의 창문, 서쪽의 침상이라는 세 개의 잠재성을 지닌 공간이다. 또한 이것들은 공간의 부분들이므로 카메라의 움직임과 각 절단면들은 부분에서 부분으로의 이행, 부분들의 연속 및 교체를 구축하게 된다. 즉 이 모든 회색 띠 모양의 지대들의 처리와 관련한 요구사항에 맞춰 공간을 구성하게 된다. 그러나 또한(그리고 이것이 「유령 삼중주」의 가장 심오한 지점이다), 이 모든 부분들은 각자 자신의 방식대로 그들 자신이 침잠해 들어갈 공허를 응기시키면서 그 속으로 잠겨 들어간다. 어두운 복도로 살짝 열린 문, 비가 퍼붓는 어두운 밤을 비추는 창문, 자신의 비어 있음 자체를 보여주는 듯한 납작한 침상. 결국 한 부분에서 다른 부분으로의 이행과 연속은 **깊이를 알 수 없는 막막한 공허**

들을 **접속하거나 연결할 뿐**이다. 바로 이것이 새로운 접속, 즉 말 그대로 유령과 같은 접속, 혹은 탈잠재화의 두번째 단계이다. 베토벤의 음악이 침묵에 구두점을 찍으며 도래할 때, 그리고 어떤 "음향들의 가교"가 단지 "깊이를 알 수 없는 침묵의 심연"들만을 접속시킬 때, 이 두번째 단계와 베토벤의 음악은 서로 상응한다.[7] 흔들림, 트레몰로trémolo로 이미 침묵의 공백들이 지시되고, 그 공백 위로 불협화음을 감수하면서까지 음향의 접속이 이루어지는 피아노 삼중주 「유령」은 특히나 더 말할 나위 없이 그러하다.

상황은 다음과 같다. 사전에 녹음되고, 미리 지정된, 예언하는 여인의 목소리——음원은 외화면hors champ에 있다——가, "인물은 여인이 다가오는 소리를 들었다고 믿게 된다"라고 중얼중얼 예고한다. 녹음기를 들고 방문 근처 의자에 앉아 있던 인물은 자리에서 일어나 녹음기를 내려놓은 다음, 마치 유령 같은 야경꾼 혹은 파수병처럼 문 쪽으로, 창문 쪽으로, 그리고 침상 쪽으로 차례로 다가간다. 그리고 다시 한 번 똑같이 반복한 다음, 앉은 자세로 되돌아온다. 인물이 의자에 앉아 녹음기 쪽으로 몸을 푹 숙이면 그제야 비로소 녹음기에서 음악이 흘러나온다. 전체적인 상황은 베케트의 첫번째 텔레비전 단편극인 「이봐, 조Dis Joe」와 유사한 감이 없지 않다. 그러나 차이점이 더 크다. 「이봐, 조」에 등장하는 여인의 목소리는 대상들을 소개하지 않으며, 대상들 또한 밋밋하고 서로 대등한 공간의 부분들과 일치하지도 않기 때문이다. 즉 「이봐, 조」에는 문과 창문 외에도, 방에 내적 깊이를 부여하는 벽장이 하나 있고, 바닥에 깔린 침상 대신 하단이 달린 침대가 있었다. 인물은 쫓기듯 몰리고, 목소리의 기능은 명명하고 예고하는 것이 아닌 상기하고 위협하고 괴롭히는 것이었다. 이것은 여전히 랑그 II에 속한다. 목소리에는 의도와 어조가 담겨 있고, 인물이 참기 힘들어하는 사적인 추억들을 환기시키면서, 부정적不定的 비인칭의 유령과 같은 차원으로 상승하지 못한 채 기억의 차원으로 잠겨 들어갔다. 오직 「유령 삼중주」만이 그 유령 같은 차원에 도달한다. 개인적 좌표가 완전히 부재한 그저 각기 한 명의 여자, 남자 그리고 아이. 「이봐, 조」에서 「유령 삼중주」로 이행하면서 일종의 목소리와 공간의 정화가 이루어지고, 이로써 첫번째 텔레비전 단편극 「이봐, 조」는 온전히 텔레비전 작품에 속하기보다(「이봐, 조」는 베케트의 『쿼드』 선집에 포함되지 않는다)[8] 오히려 이를 위한 예비 단계의 가치를 띠고 도입부를 구성한다. 웅얼거리던 목소리는 「유령 삼중주」에서 의도도 울림도 없는 중성적이고 억양 없는 목소리가 되며, 공간은 그에 속한 고유한 부분 외에는 어떤 대상도 없고 감춰진 부분도 깊이도 없는 임의의 공간이 된다. 이것은 탈잠재화의 마지막 단계이자, 공간이 자신의 잠재성을 탈진시키는 것과 목소리가 가능한 것을 고갈시키는 것이 동시에 일어난다는 점에서 이중적인 탈잠재화의 단계이다. 모든 것을 통해 우리는, 외부에서 말하는 여인과 이 공간에 출현할지도 모르는 여인이 동일인이라는 것을 알 수 있다. 그러나 이 둘 사이, 즉 외화면의 목소리와 순수한 공간적 영역 사이에는 고대 그리스극이나 일본의 노能 혹은 스트로브/위예J.-M. Straub/D. Huillet, 뒤라스M. Duras의 영화에서처럼 분리, 분할선이 가로놓여 있다.[9] 마치 라디오 방송극과 무성영화가 동시에 연희되고 있는 듯하다. 즉 새로운 포괄적 이접의 형태이다. 혹은 오히려 한쪽에 목소리의 침묵들이 새겨지고, 다른 한쪽에 공간의 공허가 새겨진(독립된 절단면들) 하나의 분할숏을 보는 듯하다. 바로 이 유령의 숏을 향해, 음악은 무한의 한계와도 같은 가파른 선을 따라 공허와 침묵을 접속하면서 돌진해간다.

트리오를 이루는 쌍은 많다. 목소리·공간·음악, 여자·남자·아이, 카메라의 주요 세 위치, 동쪽의 문과 북쪽의 창문과 서쪽의 침상, 즉 공간의 세 잠재성…… 목소리는 "그는 이제 여인이 다가오는 소리를 들었다고 믿게 된다"라고 말한다. 그러나 그가 두려워하거나 위협을 느끼고 있다고 생각해서는 안 되리라. 「이봐, 조」에서는 그러했지만, 여기서는 더 이상 아니다. 심지어 반대로 그는 여인을 갈망하지도 기다리지도 않는다. 그는 종말만을, 최후의 종말만을 고대하고 있을 뿐이다. 「유령 삼중주」의 모든 것은 끝장내기 위해 짜여 있고, 그토록 갈망하던 종말은 매우 임박해 있다. 음악(「이봐, 조」에는 부재했던), 베토벤의 음악은 침묵으로의 전환, 음악이 접속하고 있는 공허 속으로 소멸하고자 하는 경향과 분리될 수 없다. 사실상, 인물이 세 기점들을 마치 공허 속에 부유하는 엇비슷하고 출구 없는 단순한 부분들로 취급하고 있었을 때, 그는 공간의 모든 잠재성들을 탈진시키고 있었던 것이다. **즉 인물은 여인의 도착을 불가능한 것으로 만들고 있었다.** 침상조차 그 공허함을 증언할 만큼 납작하기 그지없다. 그렇다면 목소리가 말라버린 지 이미 오랜 후인데도 왜 인물은 다시 시작하는 것일까, 왜 그는 문으로, 창문으로, 침상 머리로 되돌아오는 것일까? 우리가 이미 보았듯이, 그것은 인물이 알아챌 수 있기 전에 종말이 이미 **와 있을 것이기** 때문이다. "명령이 올 때까지, 모든 것은 저 혼자 단독으로 모든 것을 멈추기를 계속할 것이다."[10] 그리하여 말 없는 어린 심부름꾼이 등장했을 때, 그것은 마치 불길한 소식처럼 여인이 오지 않을 것임을 예고하기 위해서가 아니라, 이미 모든 것이 끝나버렸으므로 모든 것을 멈추라는, 그토록 열망하던 명령을 가지고 온 것이다. 인물에게는 적어도 종말이 임박했음을 예감할 수 있게 하는 수단이 주어져 있었다. 랑그 III는 공간만이 아니라 이미지도 포함한다. 사실상 방에는 중요한 역할을 위임받은 거울이 하나 있다. 거울은 '풀숏의 카메라 위치'에서는 보이지 않는 데다, 극 초입부의 소개말에도 나오지 않기 때문에, 문-창문-침상의 계열과는 구별된다. 게다가 거울은 이 세 사물과 짝을 이루는 것이 아니라 녹음기와 짝을 이룬다("자그마한 회색 사각형, 녹음기와 동일한 크기"). 더 나아가, 아직 우리가 거울을 볼 수 없는 상태에서 인물이 처음 거울 쪽으로 몸을 숙일 때, 예언하던 목소리는 느닷없이 "아!" 하고 놀라며 유일하게 한 번 소리를 내지른다. 이윽고 카메라가 좀더 앞으로 다가가 마침내 우리가 거울을 볼 수 있게 될 때, **이미지**가, 즉 흉악한 인물의 얼굴이 돌연 모습을 드러낸다. 이미지는 이제 거울을 떠나 클로즈업의 형태로 떠 있을 것이고, 그사이 피아노 삼중주 「유령」의 제2악장은 증폭된 음량으로 마지막 소절들을 완주한다. 얼굴은 미소 짓기 시작한다. 자신의 "음흉한 망상"의 목표에 도달한 어떤 이의 간교하고 교활하기까지 한 놀라운 미소. 그렇다, 그는 이미지를 **만들었다.**[11]

「유령 삼중주」는 공간에서 이미지로 간다. 공간의 잠재성은 가능한 사건 자체의 실현을 가능하게 하기 때문에, 임의의 공간은 이미 가능성의 범주에 속해 있다. 그러나 이미지는 대상에서 분리되어 그 자체로 하나의 과정이 된다는 점에서, 즉 더 이상 신체나 대상을 통해 실현될 필요조차 없는, 가능한 것으로서의 사건이 된다는 점에서 훨씬 심오하다. 루이스 캐럴의 고양이 없는 미소와 같은 그 무엇. 이미지를 만들어내는 베케트의 지극한 정성은 여기서 나온다. 이미 「이봐, 조」에서 미소 짓는 얼굴은 이미지로 나타났었다. 하지만 미소의 순수한 가능성은 눈 속에, 그리고 치켜 올라간 두 입꼬리에 있었고 그 외 나머지는 숏에서 제외되어 있었기 때문에 우리는 입을 볼 수 없었다. 입이 없는 끔찍한 미소.「한갓 구름만……」의 여인의 얼굴은 "머리가 거의 지워진, 허공에 떠 있는 머리 없는 얼굴"이다. 그리고 「밤과 꿈」의 꿈속의 얼굴은, 마치 예수의 얼굴을 닦듯 자신의 땀을 닦아주며 공간 속에 떠 있는 수건에 점유되어 있는 것처럼 보인다.[12] 그런데 임의의 공간이 이 공간의 잠재성들을 탈진시키는 거주자와 사실상 분리될 수 없다면, 이미지는 더더구나 이미지가 스스로 흩어져 사라지게끔 하는 운동과 분리될 수 없다. 즉 얼굴은 마치 구름이나 연기처럼 이울고 방향을 돌리고 사라지거나 해체된다. 시각적 이미지는 자신의 소멸을 향해 질주해가는 음향적 이미지, 음악에 이끌려간다. 두 이미지가 모두 종말을 향해 달려가고, 모든 가능한 것은 소진된다.

「유령 삼중주」는 우리를 공간에서 이미지의 관문으로 이끌어갔다. 그러나 「한갓 구름만……」은 '성역'으로 침투해 들어간다. 성역, 그것은 인물이 이미지를 만들어낼 장소이다. 아니 오히려 『머피』의 포스트-데카르트주의적 이론들로 되돌아가서, 이제 물리계와 심상계, 물질계와 정신계, 실재계와 가능계라는 두 세계가 있다.[13] 물리계는 특정한 공간적 연장으로 이루어진 것처럼 보인다. 왼쪽에는 '작은 샛길'로 난, 인물이 들고 나는 문이 있고, 오른쪽에는 인물이 의복을 갈아입는 작은 골방, 그리고 위쪽에는 인물이 삼켜지듯 잠겨드는 성역이 있다. 그러나 이 모든 것은 인물 자신의 목소리인 바로 그 목소리 속에서만 존재한다. 우리가 보는 것은 반대로 단지 검은 어둠으로 둘러싸인 하나의 원처럼 규정된 임의의 공간, 우리가 그 둘레로 다가가면 점차 어두워지고 중심으로 다가가면 점점 밝아지는 어떤 임의의 공간이다. 즉 문, 작은 골방, 성역은 원에서 서쪽, 동쪽, 북쪽의 방위들일 뿐이며, 원 바깥쪽, 남쪽 멀리에는 카메라가 고정되어 있다. 인물이 한 방향으로 나아갈 때 그는 단지 어둠 속으로 잠겨 들어갈 뿐이다. 그리고 그가 성역에 **있을** 때, 그는 카메라를 등진 채 "보이지 않는 책상 쪽으로 몸을 구부정하게 구부리고, 보이지 않는 접이의자에 앉아 있는" 클로즈숏으로 나타날 뿐이다. 그러므로 성역은 오직 심상의 실존만 있을 뿐이다. 이것은 머피의 말처럼 "심상의 방"이며, 머피가 이끌어냈던 바로 그 역逆의 법칙에 따른다. "이 같은 정신의 세계에서 모든 운동은 신체의 세계에서 휴식 상태를 요구했다." 바로 이것이 이미지다. 대상의 재현이 아닌 정신세계에서의 운동. 이미지는 정신적 삶, 『어떻게 그러한가』의 '천상의 삶'이다. 신체가 부동의 상태가 되고, 쪼그라들고, 좌정하고, 어둠 속에 가라앉고, 그 자체로 소진되어 있어야만 비로소 우리는 정신의 삶의 기쁨, 운동, 그리고 그 온갖 곡예들을 소진시킬 수 있다. 바로 이것이 머피가 "공모la connivence"라 부른, 신체의 욕구와 정신의 욕구의 완전한 일치, 이중의 소진이다. 「한갓 구름만……」의 주제는 바로 이러한 정신의 욕구, 천상의 삶이다. 여기서 중요한 것은 이제 임의의 공간이 아닌, 공간에 유도된 심상 이미지이다.

물론, 이미지를 만들어내기는 쉽지 않다. 무언가를 혹은 누군가를 생각하는 것만으로는 충분치 않다. 목소리는 "내가 그녀를 생각할 때는…… 아니야…… 아니야, 정확히는 그게 아니야……"라고 말한다. 어떤 모호한 정신적 긴장, 중세의 저자들이 말한 제2의 혹은 제3의 **인텐시오**intensio(강도, 내포), 기원이라고도 할 수 있고 소환이라고조차 할 수 있을 침묵의 환기, 그리고 폐기――왜냐하면 이 침묵의 환기를 통해 사물 혹은 사람은 부정不定의 상태(**어떤 한** 여인…… 같은)로 고양될 것이기 때문에――이기도 한 묵언의 환기가 필요하다.

윌리Willie는 "나는 정신의 목전目前에서 부르고 있다"고 외쳤다.[14] 천 번에 998번 실패하고, 아무것도 나타나지 않는다. 그러다 성공할 때는 숭고한 이미지, 윤곽이 지워진 여인의 얼굴이 화면을 뒤덮는다. 그리고 이것은 때로 "숨 돌릴 새도 없이" 순식간에 사라지기도 하고, 때로는 사라지기 전에 잠시 주춤하기도 하며, 또 때로는 예이츠의 시 몇 마디를 중얼거리기도 한다. 어쨌든 이미지는 정신의 왕국을 지배하는, **잘 보이지도 잘 말해지지도 않는 것, 잘 보이지도 잘 들리지도 않는 것**의 요구에 부응한다. 또한, 정신적 운동인 이미지는 그 자신의 사라짐, 소멸의 과정(너무 일찍 도래하건 그렇지 않건)과 분리될 수 없다. 이미지는 숨, 호흡이지만 꺼져가고 있는, 숨을 거두기 직전의 숨, 호흡이다. 이미지는 절멸하는 것, 다 타버린 것, 하나의 몰락이다. 이미지는 자신의 고귀함, 곧 영점 너머의 높이에 의해 그 자체로 정의되는 순수한 강도성, 오직 추락함으로써만 표현되는 순수한 강도성이다.[15] 예이츠의 시에서 보존된 것, 그것은 하늘을 흘러가다 지평선에서 사그라지는 구름의 시각적 이미지, 그리고 밤의 어둠 속으로 꺼져가는 새의 외마디 외침과 같은 음향적 이미지다. 바로 이러한 의미에서 이미지는 잠재적인 에너지를 그러모아 농축하여 이를 자기소멸의 과정으로 이끌어간다. 이미지는 영원한 어둠, 출구 없는 칠흑의 밤이 오기 직전, 한줄기 '산들바람' '숨

결'을 느끼는 위니처럼「한갓 구름만······」의 인물에게도 가능한 것의 종말이 임박해 있음을 알린다. 더 이상 이미지도 공간도 없다. 가능한 것 너머에는, 머피의 세번째이자 마지막 상태처럼 칠흑 같은 어둠이 있을 뿐이다. 이제 인물은 거기서 정신으로 움직여가는 것이 아니라, "절대적 자유의 어둠 속에서" 전혀 식별되지 않는, 의지결핍증에 걸린 원자가 돼버린다.[16] 이것은 종말의 말, "더는 어쩔 도리가 없다."

  예이츠 시의 마지막 시절詩節 전체와「한갓 구름만······」은 서로 부합한다. 앉아 있는 이를 데려갈 종말을 이루어내기 위한 두 개의 소진. 그런데 베케트와 예이츠의 만남은 이 작품에 국한되지 않는다. 게다가 베케트는 연극의 궁극적 성취로서 일본의 노能를 연극에 끌어들이려는 기획을 재시도하고 있는 것도 아니다. 그러나 베케트 연극과 노가 결국 한 점에서 만나게 되는 데는, 의도한 것은 아니라 하더라도, 예이츠의 연극이 전제되었으리라 가정해볼 수 있는데, 텔레비전 작품은 이 점을 명백히 보여주고 있다.[17] '시각적 시'라 일컬어진 것, 즉 이야기를 풀어내는 것이 아니라 하나의 이미지를 우뚝 세워 보여주고자 하는 정신의 연극. 임의의 공간을 지나가는 행로들의 회로에 배경 구실을 하는 말들. 정신적 이미지 속에 부정성의 상태로 남아 있어야 하는 것과 비교해볼 때, 시공간 속에서 측정되고 요약되는 이 행로들이 보여주는 극도의 정교함. '극단적인 마리오네트' 같은 인물들, 그리고 다른 인물들의 움직임과 적대관계를 이루면서, 은밀하게 혹은 전격적으로, 자율적인 운동을 하는 인물처럼 보이는 카메라. 정신의 운동에는 어울리지 않을 법한 인위적 방법들(슬로모션, 이중인화 등)에 대한 거부……[18] 베케트에 따르면, 오직 텔레비전만이 이러한 요구들을 충족시킨다.

이미지를 만들어내기, 이것은 다시 한 번 「밤과 꿈」의 작업이 된다. 그러나 이제 인물은 말하기 위한 목소리도 없고, 목소리를 듣지도 않으며, "눈 감은 채 부릅뜬 눈"으로, 오그라든 손에 텅 빈 머리를 괴고 앉아 미동조차 할 수 없다. 이것은 "더는 어쩔 도리가 없이 더 형편없는. 더는 어쩔 도리가 없이 더 처참한. 더는 어쩔 도리가 없이 허무한. 다시 한 번 더는 어쩔 도리가 없는" 새로운 정화이다.[19] 밤이다. 그러니이제 그는 꿈을 꿀 것이다. 그가 잠들었다고 믿어야 할까? 아니, 잠은 밤으로 하여금 두 날 사이에 끼어들어 그 흐름을 차단하면서도 동시에 전날이 다음 날로 이어지도록 한다는 점에서 밤을 배신한다고 진술한 블랑쇼의 말을 떠올려야 하리라.[20] 우리는 대체로 백일몽 혹은 깬 상태로 꾸는 꿈과 잠의 꿈을 구별하고는 만족한다. 하지만 이는 피로와 휴식의 문제이다. 그래서 아마도 가장 중요한 세번째 상태를 놓치고 만다. 그것은 오직 밤하고만 어울리는 불면, 그리고 소진의 문제인 불면의 꿈이다. 소진된 인간은 눈을 부릅뜨고 있는 자이다. 우리는 잠 속에서 꿈을 꾸었다. 하지만 이제 불면증과 나란히 그 옆에서 꿈을 꾼다. 논리적인 것과 생리적인 것, 카프카가 말한 '머리와 폐,' 두 소진이 우리 몰래 등 뒤쪽에서 만나고 있다. 카프카와 베케트는 닮은 점이 거의 없다. 그러나 이 둘 모두 불면증 환자의 꿈을 꾼다는 공통점이 있다.[21] 불면증의 꿈에서 문제는 불가능한 것을 실현하는 것이 아니라, 카프카처럼 가능한 것을 최대한도로 확장시켜 이를 깨어 있는 대낮의 실재처럼 다루거나, 아니면 베케트처럼 가능한 것을 최소한도로 축소시켜 잠들지 못하는 밤의 허무néant에 내맡기면서 가능한 것을 소진하는 것이다. 꿈은 불면이 잠으로 가는 것을 방해하는 불면의 파수꾼이다. 불면은 대낮처럼 아득히 펼쳐졌다가 밤처럼 단단히 오그라드는, 웅크린 짐승이다. 끔찍스러운 불면의 자세.

「밤과 꿈」의 불면증 환자는 자신이 해야 할 일을 준비하고 있다. 그는 앉아 있다. 손은 탁자 위에 놓여 있고, 머리는 손 위에 올려져 있다. 손을 머리 위로 올리거나 최소한 자유롭게 하거나 하는 단순한 움직임은 날아다니는 걸상처럼 오직 꿈에서만 나타날 수 있는 가능성이다…… 그러나 이 꿈, 그것은 **만들어내야** 한다. 소진된 인간, 불면증 환자, 의지 결핍증

자의 꿈은 신체와 욕망의 깊숙한 곳에서 홀로 만들어지는 잠의 꿈 같은 것이 아니다. 만들어야 하는 것, 꾸며내야 하는 것, 그것은 정신의 꿈이다. '꿈꾼 것,' 곧 이미지는 동일한 자세로 앉아 있는 바로 그 똑같은 인물이지만, 이제 오른쪽 옆모습 대신 반대로 왼쪽 옆모습을 보이며, 꿈을 꾸고 있는 자 위쪽에 나타날 것이다. 그러나 꿈속의 손들이 이미지로 밝혀지려면 다른 손들, 곧 여인의 손이 날개를 펄럭이듯 다가와 그의 고개를 들어 올리고 잔으로 그의 목을 축이고 수건으로 씻어주어, 마침내 고개를 든 꿈속의 인물이 손을 내밀어서, 이미지에 에너지를 농축시켜 나눠주고 있는 여인의 손을 향해 뻗을 수 있어야 하리라. 이미지는 어떤 비통한 강도성에 이르고, 결국 세 개의 손 위로 머리가 다시 떨궈지며 그 위로 네번째 손이 놓인다. 그리고 이미지가 사라질 때 우리는 어떤 목소리를 들은 듯도 하다. 이렇게 가능한 것은 완수됐고, "만들어지다 나는 이미지를 만들었다." 그러나 「쿼드」에서 그랬듯이, 말하는 목소리는 없다. 단지 이미지가 나타나기 전에 한 번, 그리고 이미지가 사라진 뒤에 한 번, 슈베르트의 음악에 실린 소박한 리토르넬로의 마지막 소절을 나지막이 흥얼거리는 남자의 목소리가 있을 뿐이다. "감미로운 꿈들이여, 다시 돌아오라……" 음향적 이미지, 음악이 시각적 이미지를 이어가면서, 공허 혹은 마지막 종말의 고요를 연다. 이제 베토벤의 음악과는 확연히 다른 방식으로 중단 혹은 비약, 즉 일종의 접속 차단을 감행하는 것은 베케트가 그토록 사랑했던 슈베르트의 음악이다. 단성적 선율의 목소리는 이제 최소한으로 축소된 화성적 기조 밖으로 튀어 올라, 소리가 사그라져갈 때 체험되는 순수한 강도성을 탐색한다. 음악이 포개어 감싼 소멸의 벡터vecteur.

베케트는 텔레비전 작품에서 공간을 두 번, 그리고 이미지를 두 번 소진한다. 베케트는 점점 더 말을 참기 힘들어했다. 베케트가 갈수록 말을 참기 힘들어했던 이유——베케트는 이를 처음부터 알고 있었다——는, 언어의 표면에 "구멍을 내어" 결국 그 "뒤쪽에 웅크리고 있는 것"이 나타나도록 하는 일이 참으로 어렵기 때문이다. 공허 혹은 즉자적 가시성, 침묵 혹은 즉자적 가청성이 모습을 드러내도록 하기 위해, 렘브란트나 세잔 혹은 판 펠더처럼 그려진 화폭의 표면에 구멍을 내거나, 베토벤이나 슈베르트처럼 소리의 표면에 구멍을 낼 수 있을 것이다. 그러나 "끔찍하리만큼 확실한 말의 표면을 와해시킬 수 있는 어떤 근거가 단 하나라도 있는 것일까."[22] 그것은 말이 기만적이어서만은 아니다. 말은 계산과 의미, 의도와 사적인 추억, 그리고 이를 공고히 하는 오래된 습관들에 저당 잡혀 있어, 표면을 슬쩍 건드리기만 해도 금세 다시 닫혀버리고 만다. 말의 표면은 끈질기게 달라붙는다. 그것은 우리를 가두고 숨 막히게 옥죈다. 음악은 모 소녀의 죽음을 **소녀 사멸하다**로 변모시킬 수 있다. 음악은 협주곡 「한 천사를 추모하며À la mémoire d'un ange」에서처럼 부정不定적인 것을, 표면을 뚫고 나가는 순수한 강도성으로 극단적으로 규정해낼 수 있다. 그러나 말은 보편적인 것에서건 특수한 것에서건 말들에 유착되어 말을 지탱시키는 것들 때문에 그렇게 할 수 없다. 말에는 예술만의 고유한 심층의 거대한 파도로부터 연유하는 "파열의 휴지부" "틈새"가 결여되어 있다. 베케트는 텔레비전에서 일정 정도 말의 열등함을 극복할 방법을 발견한다. 「쿼드」와 「밤과 꿈」에서처럼 대사 없이 가거나, 열거, 소개 혹은 배경으로 말을 사용하여 말의 결을 헐겁게 하고 그 사이에 사물 혹은 운동을 끌어들이거나(「유령 삼중주」 「한갓 구름만⋯⋯」), 「이봐, 조」의 마지막 부분처럼 멀리 떨어진 몇몇 말들을 간격이나 운율에 맞춰 고정시키고, 나머지는 겨우 들릴락 말락 한 웅얼거림으로 나직이 흘려보내거나, 「밤과 꿈」에서처럼 어떤 말들에 선율을 입혀 말에 결여되어 있던 휴지부를 선율에서 부여받거나 하면서 말이다. 어쨌든 텔레비전 작품에서는 말이 아닌 다른 것, 즉 **음악 혹은 비전**이 이렇게 서로 꽉 끌어안고 있는 말들의 결을 느슨하게 하고 그 사이를 벌려놓거나 완전히 갈라놓기도 한다. 과거의 언어("낡은 문체") 뒤쪽에 숨어 지각되지 않은 채로 있던 비전과 음향들을 실제적으로 만들어냄으로써, 결국 말들이 그 자신으로부터 비껴나가 언어가 시詩가 되는 새로운 문체와도 같은, 말들의 어떤 구원이 있게 되지는 않을까. 비전이나 음향 들을 어떻게 구별해낼 것인가. 말들이 터져 나와 자기 자신의 외부를 보여주기 위해 그 자체로 몸을 뒤집어 보여줄 때도 우리가 **잘 보이지도 잘 말해지지도 않는 것**이라 부를 만큼 그토록 순수하고 그토록 단순하며 그토록 강렬한 비전이나 음향 들 말이다. 음악 없이 큰 소리로 낭송된 시가 지닌 고유한 음악. 베케트는 처음부터 말의 조직에 구멍을 냄과 동시에 조직을 증식시키며 나아가는 어떤 문체를 찾았다("조직의 함몰과 증식"). 이것은 소설과 연극을 통해 연마되고, 『어떻게 그러한가』에서 경지에 이르러, 말년의 눈부신 텍스트들에서 폭발하듯 작열한다. 그리고 이것은 때로 시「어떻게 말해야 할까 Comment dire」에서처럼 문장의 내부에 끊임없이 덧붙여지면서 결국 말들의 표면을 완전히 깨뜨려버리는 간단한 분절어들이 되기도 한다.

　　이 ……로 보건대 광기—

　　이—

　　어떻게 말해야 할까—

이것—

바로 이것—

여기 이것—

바로 여기 이 모든 것—

이 모든…… 것으로 주어진 광기—

……로 보건대—

……하는 바로 여기 이 모든 것으로 보건대 광기—

……하는—

어떻게 말해야 할까—

보기—

어렴풋이 보기—

어렴풋이 보았다고 믿기—

어렴풋이 보았다고 믿고 싶어 하기—

무언가를 어렴풋이 보았다고 믿고 싶어 하는 광기

.... [23]

또 때로는 『최악의 방향으로Cap au pire』에서처럼 말의 표면을 끊임없이 축소시키기 위해 문장을 구멍투성이로 만드는 표현들이 되기도 한다.

최고로 더 열등한. 아니. 최상의 허무. 최고로 더 나쁜. 아니. 최고로 더 나쁘지는 않은. 최고로 더 나쁘지는 않은 허무. 덜 최고로 더 나쁜. 아니. 최소로. 가장 덜 최고로 더 나쁜. 가장 열등한 것은 결코 허무일 수 없다. 결코 허무로 인도될 수 없다. 폐기된 허무에 의해서는 결코. 폐기할 수 없는 더 열등한. 이 최고로 더 나쁜 것을 말하기. 졸아드는 말을 가지고 가장 덜 최고로 더 나쁜 것을 말하기⋯⋯⋯⋯⋯⋯⋯⋯⋯ 말들이 사라져버리게 되는 중단의 순간.[24]

미주

1 『와트』와 같은 소설들에서도 이미 움직임을 이용한 계열이 나타났다. 그러나 이때 계열은 대상들 혹은 행동과 관련된 것이었다.

2 『몰로이』와 『이름 붙일 수 없는 자』는 시작 부분부터 벌써 두 신체의 만남에 대한 명상을 포함한다.

3 Samuel Beckett, *Pour finir encore et autres foirades*, p. 53.

4 『보통 여자의 전람회의 꿈*Dream of Fair to Middling Women*』(1932) 과 1937년 악셀 카운Axel Kaun에게 보낸 편지(*Disjecta*) 등을 참조할 것. 베케트는 베토벤의 작품에 나타나는 "파열, 동요의 휴지부, 해체된 균질성……" 등을 강조한다. 앙드레 베르놀트는 베케트가 쓴 베토벤에 대한 텍스트들을 논평하는 아주 뛰어난 논문을 썼다(André Bernold, "Cupio dissolvi, note sur Beckett musicien," in *Détail*, Atelier de la Fondation Royaumont, n° 3/4, 1991). 음악학자들은 베토벤의 피아노 삼중주 「유령」 제2악장을 분석하면서 "불길한 조성으로 곧바로 질주하다 갑자기 멈추는……"(Anthony Burton) 피날

레로 이어지는 피아노의 트레몰로 주법에 주목한다.

5 Robert Bresson, *Notes sur le cinématographe*, Gallimard, pp. 95~96.

6 P. Adams Sitney, "Le film structurel," in *Cinéma, théorie, lectures*, Ed. Klincksieck, p. 342. 이 책에서 스노Michael Snow에 대한 부분을 참조할 것. 베케트는 스노보다 먼저, 오로지 라디오 방송의 조건만을 활용하여 비슷한 작업을 해냈다. 그 결과가 바로 「재Cendres」다. 바닷가 근처 자갈이 깔린 해변 위를 걷고 있는 인물의 발소리가 들리고, 인물은 자신의 소청에 응답해오는 추억-소리들을 상기한다. 그러나 음향적 공간의 잠재성은 소진되고, 소리들은 바로 응답하기를 그친다. 그리고 바닷소리가 모든 것을 삼켜버린다.

7 『단편들Disjecta』을 참조할 것. 침묵의 음악적 접속, 휴지부, 음악에서 침묵으로의 전환에 대해서는 André Bernold, *Détail*, pp. 26, 28 참조.

8 「이봐, 조」는 『코미디와 잡극Comédie et actes divers』에 수록되어 출간된다.

9 목소리와 시각 이미지의 분열은 이와 정반대의 결과로 이어질 수 있다. 베케트에게 중요한 것은 공간의 탈잠재화이다. 그러나 스트로브/위예나 뒤라스의 영화에서 중요한 것은 반대로 질료의 잠재화이다. 현재 카메라가 비추는 텅 빈 공간 아래에서 이전에 일어났었던 일을 얘기하기 위해 어떤 목소리가 부상한다. 지금 카메라가 비추는 소리 없는 무도회와 과거에 같은 홀에서 있었던 무도회에 대해 얘기하기 위해 목소리들이 부상한다. 대지 아래 매장된 것이 아직도 활동 중인 잠재적인 것이라는 것을 환기시키는 목소리가 부상한다.

10 Samuel Beckett, *L'innommable*, p. 169 참조.

11 "음흉한 망상Délire retors"은 예이츠의 시 「한갓 구름만……」에 나오는 구절이다.

12 슈투트가르트에서 베케트의 텔레비전 단편극 전체를 촬영했던 짐 루이스는 이 세 경우 각각에 해당하는 기술상의 문제들에 대해 언급하고 있다(Jim Lewis, "Beckett et la caméra," in *Revue d'esthétique*, pp. 371 이하). 특히 「이봐, 조」의 경우 베케트는 이미지에서 입가 부분이 0.5밀리미터도 아닌 0.25밀리미터 정도만이 살짝 추켜올려지길 원했다고 한다.

13 이것이 바로 "Amor intellectualis quo Murphy se ipsum amat(머피의 자기애의 방식인 지성적 사랑)"으로 시작되는, 『머피』의 가장 중요한 장 중 하나인 6장의 내용에 해당한다(Samuel Beckett, *Murphy*, pp. 81~85). (옮긴이)『머피』 6장을 시작하는 위의 말은 스피노자의 『윤리학』 제5부 명제 35("신은 무한한 지성적 사랑으로 그 자신을 사랑한다")를 패러디한 것이다.

14 Samuel Beckett, *Oh les beaux jours*, p. 80. 이것은 예이츠의 시에서 빌려온 표현이다(W. B. Yeats, "Au puits de l'épervier," in *Empreintes*, juin 1978, p. 2). 이와 유사한 표현이 클로소프스키의 소설에서도 발견된다. "정신을 로베르트에 앉히는 대신, 정반대의 일이 일어났다.〔……〕이제 로베르트는 순수한 정신의 대상이 되었다……"(Pierre Klossowski, *Roberte ce soir*, Minuit, 1953, p. 31). 여기서 클로소프스키는 목소리, 숨과 관련하여 기원과 폐기의 방식을 서로 연결한다.

15 베이컨Francis Bacon의 회화는 이미지 혹은 형상Figure의 소멸에 관한 문제를 이와 매우 유사하게 다루고 있다.

16 Samuel Beckett, *Murphy*, pp. 84~85.

17 예이츠와 베케트를 비교 연구한 자클린 주네의 논문을 참조할 것 (Jacqueline Genet, "Yeats et le Nô," in *William Butler Yeats*, *Cahiers de l'Herne*, 1981). 베케트와 노의 연관관계에 대해서는 *Cahiers Renaud-Barrault*, n° 102, 1981 참조.

18 『코미디와 잡극』에 수록된 「영화Film」에서 카메라는 최대한도로 적대적인 움직임을 취하고 있다. 하지만 영화에는 텔레비전보다 훨씬 특수효과가 필요하며(「영화」의 기술적 문제에 대해서는 Samuel Beckett, *Comédie et actes divers*, p. 130 참조), 이미지의 통제 또한 훨씬 어렵다.

19 Samuel Beckett, *Cap au pire*, pp. 27, 62.

20 Maurice Blanchot, *L'espace littéraire*, Gallimard, p. 281: "밤, 밤의 본질은 우리를 잠들지 못하게 하는 것이다."

21 Franz Kafka, *Préparatifs de noce à la campagne*, Gallimard, p. 12 참조. "나는 직접 시골에 내려가야 할 필요조차 느끼지 않았다. 그럴 필요가 없었다. 나는 의복으로 단장한 내 몸을 거기로 보냈다. 〔……〕 그동안 나는 살짝 열린 문틈으로 불어오는 공기를 맞으며, 내 쪽으로 균일하게 당겨진 갈색 담요에 싸인 채 침대에 누워 있었다." 카프카에 헌정된 『오블리크Obliques』지 특별호의 그뢰튀장Groethuysen의 논문 또한 참조할 것. "그들은 잠자는 내내 깨어 있었다. 그들은 잠자는 동안 줄곧 눈을 뜨고 있었다. 〔……〕 이것은 잠 없는 세계이다. 깨어 자는 자의 세계. 모든 것은 끔찍한 명료함으로 명료하다."

22 『단편들』에 재수록된 두 텍스트를 참조할 것.

23 Samuel Beckett, "Comment dire," in *Poèmes*.

24 Samuel Beckett, *Cap au pire*, pp. 41, 53.

소진된 인간 II 81

들뢰즈/베케트의 '마지막 인간' :
소진된 인간, 이미지를 만들다

> 침묵 속에서 〔······〕 계속해야 한다 나는 계속할 수 없다 나는
> 계속할 것이다.
> ──사뮈엘 베케트, 『이름 붙일 수 없는 자』에서

1. '소진'의 철학적 역량: 내재성, 생명······

> 죽음은 생명체가 '돌아가야' 할 무심하고 생기 없는 물질이라는
> 객관적 모델로는 드러나지 않는다. 죽음은 원형이 담지된 주관
> 적이고 분화된 경험으로 생명체에 현전한다. 어떤 물질의 상태
> 에도 부응하지 않는 죽음은 물질임을 전적으로 포기한 순수 형
> 식, 곧 시간의 빈 형식에 상응한다. 〔······〕 항상 '나의 죽음'보
> 다 더 심오한 '아무개의 죽음'이 있다. 그리고 신들만이 끝없이,
> 수없이 다양한 방식으로 죽는다.
> ──질 들뢰즈, 『차이와 반복』에서

소진消盡. 사라져 다 없어짐.[1] 힘, 에너지, 물질, 시간 따위
가 다 쓰여 사라짐.[2] 우리말 '소진'의 사전적 정의이다. 다 퍼
내어 완전히 고갈됨. 마지막까지 써서 닳아 없어지게 함. (힘

또는 건강 따위가) 완전히 쇠약해지게 함. 프랑스어 동사 'épuiser'에 대한 『로베르 사전』의 대략적인 풀이이다.[3] 질 들뢰즈가 1992년, 그러니까 삶의 거의 마지막 시기에 펴낸 「소진된 인간」은 바로 이 '소진'의 의미를 철학적으로 문제 삼은 글이다.

우리말 '소진'으로 옮겨진 프랑스어 동사 'épuiser'는 제거, 배출, 완수의 의미를 내포한 접두사 'é'와 우물, (광산의) 수갱을 의미하는 명사 'puits'가 결합된 말이다. 물을 다 써서 우물의 바닥이 드러난 상태, 광맥의 원천이 고갈된 상태가 소진이다. 그래서 몸의 기력이 완전히 쇠진해진 상태를 가리켜 소진이라고도 한다. 들뢰즈가 「소진된 인간」에서 '피로'라는 신체적 상태와 소진을 지속적으로 비교하는 까닭이다. 들뢰즈는 더 이상 무언가를 '실현 혹은 실재화réalisation' 할 수 없는 신체의 무력 상태(그러나 가능성의 여지는 남은 상태)가 피로라면, 소진은 더 이상 아무것도 '가능possible'하지 않은 상태, 가능성의 여지가 조금도 남아 있지 않은 상태라고 규정

1) 이희승 편저, 『국어대사전』, 민중서관, 1994, p. 2106.
2) 고려대학교민족문화연구원, 『고려대 한국어대사전(ㅂ~ㅇ)』, 고려대학교민족문화연구원, 2009, p. 3554.
3) Josette Rey-Debove & Alain Rey(dir.), *Le Nouveau Petit Robert: dictionnaire alphabétique et analogique de la langue française*, Dictionnaires Le Robert, 2000, pp. 898~99.

한다. 들뢰즈의 「소진된 인간」은 바로 이 더 이상 무엇도 가능하지 않은 신체들을 문제 삼는다. 이들은 다시 회복될 수도 없는 신체들이다. 베케트의 비참하고 비천하고 위대한 인간들이기도 하다. 그렇다면 스피노자처럼 말하자면, 이제 신체는 무엇을 할 수 있을까. 그리고 왜 이러한 신체가 문제인가.

들뢰즈의 「소진된 인간」은 베케트가 생애 마지막 10여 년 동안(1970~80년대) 집중적으로 만들어냈던 네 편의 텔레비전 단편극(「쿼드」 「유령 삼중주」 「한갓 구름만······」 「밤과 꿈」)에 붙인 철학적 해제이다. 또한 들뢰즈의 철학적 연보를 횡단하는 일련의 예술비평적 저서들의 목록을 완성하는 거의 마지막 단행본이기도 하다. 앞서 「옮긴이 서문」에서 썼듯, 들뢰즈의 예술비평들은 단순히 작가나 작품에 대한 철학자의 해석이나 주석으로 환원될 수 없다. 이 글들은 기존 철학의 '사유의 이미지'를 혁신하고자 한 들뢰즈의 일종의 '실험'들이다.[4] 「소진된 인간」은 미학을 향한 이러한 존재론의 운동이 농밀한 "시적 사유"[5]로 형상화된 철학적 에세이essai── '에세이'가 의미하는 바 그대로 '시도'──이자 또 하나의 실험이다. 그렇다면 앞서 제기한 질문으로 돌아가, 왜 소진된 인간

---

4) 안 소바냐르그, 『들뢰즈와 예술』, 이정하 옮김, 열화당, 2009, pp. 8, 17.
5) 같은 책, p. 19.

이 문제인가. 소진된 신체는 무엇을 할 수 있는가. '소진되었다'는 것은 또 무슨 뜻인가.

들뢰즈가 '내재성immanence'의 철학적 의미를 설명하면서 예로 드는 디킨스 소설의 한 인물이 있다. 그는 천하에 둘도 없이 비천하고 비열한 인간이다. 그가 죽어간다. 이제껏 그를 경멸했던 사람들은 오직 생명 자체에 대한 존중과 애정으로 그를 살려내기 위해 애쓴다. 깊은 혼수상태 속에서 비천한 자는 뭔가 따스한 것이 자신에게 스며드는 것을 느낀다. 놀랍게도 그는 서서히 회복되어가고 점차 본래의 천박함과 냉혹함을 되찾는다. 그러자 사람들은 다시 그에게 냉담해진다. 들뢰즈가 이 일화에서 주목하는 것은, 비천한 자와 그를 지켜본 사람들이 공히 한 존재자의 생사의 기로에서 알아본 '어떤 생명une vie'의 순간이다. 삶과 죽음의 경계에서 비천한 자가 느낀, 그러나 그만의 고유한 생명이라기보다는 오직 '하나의 생명'이라고밖에 부를 수 없는 어떤 비인칭적인 생명의 순간 말이다. 죽음은 모든 문제의 원천이자 마지막 질문으로 살아 있는 것에 현전하고 있다. 생명은 이 죽음 자체와 경합하는 순수 내재성이다. 바로 이 생명이 비천한 한 개별적 자아, 개체 이전에 "우주적이고 정신적인 물결처럼 찰랑"[6]이고 있다. 사람들은 바로 이를 죽어가는 비천한 자의 이름, 고유명사, 그리고 그의 인생을 넘어 알아보았고, 비천한 자 또한 한순간 그것으로 변용되었다("그는 뭔가 따스한 것이 자신에게 스며드는 것을 느낀다").

디킨스 소설의 인물은 들뢰즈 생전의 마지막 논문인 「내재성: 생명……」에 다시 등장한다.[7] 죽음 앞에 선 개체의 형상은 다르지만 들뢰즈가 소진된 인간을 통해 제기하는 문제의 지평 또한 이와 크게 다르지 않다. 한 개체로서 더 이상 무엇도 가능하지 않은 베케트의 소진된 인간들은 신체의 물리적 가능성의 한계에서 역설적으로 들뢰즈가 존재의 근원적인 역량이자 개체의 '독특한 본질essence singulière'[8]로 규정한 '생명' 자체의 순수한 발생적 역량을 드러내 보여주는 자들이다. 특히 한없이 늙어 나이도 성性도 없는 듯한 텔레비전 단편극의 익명의 아무개들은 마지막 숨을 휘발시키는 느리고 강렬한 산화의 리듬 속에서 오직 생명 자체의 잠재적 역량을 증언하는 독특한 시간의 형상figure들을 생성해 '보여'준다. 현실적 대상의 소진, 그리고 대상의 소진을 통해 소진되는 주체. 이 이중의 소진을 통해서만 가능하게 되는 존재의 어떤 생성의 리듬이 있다. 들뢰즈가 "이것임heccéité"[9]으로 표현한 비인

---

6) Gilles Deleuze, "Le plus grand film irlandais," in *Critique et clinique*, Minuit, 1993, p. 39.

7) Gilles Deleuze, "L'immanence: une vie…" (1995), in *Deux régimes de fous: textes et entretiens 1975~1995*, Minuit, 2003, p. 361.

8) 같은 글, p. 362.

칭적 개체화의 역량, 즉 인칭과 기표에서 해방된 존재의 순수한 자기-생산으로서의 마지막 생성이 그것이다. 들뢰즈는 바로 생명의 잠재적 지평, 시간의 순수한 발생적 역량과 조우하는 존재의 마지막 사태를 가리켜 "모든 가능한 것을 소진하다"로 표현한다. 그렇다면 왜 '가능한 것'이 문제인가.

들뢰즈의 「소진된 인간」을 추동하는 가장 핵심적인 개념 중 하나인 '가능한 것' '가능적인 것'은 사실상 '잠재적인 것/현실적인 것, 잠재태/현실태le virtuel/l'actuel'의 쌍만큼 들뢰즈의 존재론적 구도 속에서 해석되어야 할 특정한 규정성을 지닌 말이다. 또한 「소진된 인간」이 무엇보다 베르그손H. Bergson, 스피노자B. Spinoza, 라이프니츠G. W. Leibniz 등에 대한 들뢰즈의 작업들과 일종의 "문제들의 교차지점"[10]을 형성하고 있

---

9) 들뢰즈/과타리는 『천 개의 고원』에서 '이것임heccéité'을 "하나의 사물 혹은 주체의 양태와 혼동되지 않는 개체화 방식"으로 정의한다(Gilles Deleuze & Félix Guattari, *Mille Plateaux*, Minuit, 1980, p. 318). 들뢰즈는 이 개념을 둔스 스코투스Duns Scotus의 철학에서 차용해오기는 했지만, 사실 이 개념은 질베르 시몽동Gilbert Simondon의 '개성원리eccéité' 이론에 근거한 것이다. 둔스 스코투스는 '이것'을 의미하는 라틴어 '하이크haec'에서 '이것임'이라는 개념을 만들었다. 그러므로 시몽동이 '여기에 ~이 있다voici'를 의미하는 '에케ecce'라는 단어에서 파생된 '엑세이테eccéité'를 사용하고 있는 것은 오류이다. 그러나 들뢰즈가 설명하고 있듯이 이 오류는 생산적인데, 왜냐하면 이 오류로 인해 시몽동은 개체화의 의미를 '구성된 개인'의 차원이 아니라 '시간적 출현'의 측면에 중요성을 두고 일종의 과정, 출현, 사건의 발생으로 규정할 수 있었기 때문이다. 시몽동의 '개성원리'는 들뢰즈의 '이것임' 이론에 핵심적이며, 기호의 생산과 사유의 문제와도 관련된다.

다면, 그것은 바로 '가능한 것' 개념이 촉발한 문제의식 때문이기도 하다. 뒤에 좀더 상세히 논하겠지만, '가능한 것'은 이미 스피노자, 베르그손에 의해 존재를 규정하는 거짓 문제의 하나로 비판되었던 것이다. 이 거짓 문제는 동시에 우리 존재의 한계이자 우리 인식, 그리고 언어의 한계이기도 하다. 우리 존재의 한계를 드러내는 거짓 문제, 그러므로 진짜 '문제'인 문제. 들뢰즈/베케트의 '소진된 인간'은 바로 이 존재의 한계인 '가능한 것'의 한계에서 존재의 근원적 가능성 즉 생명의 잠재적 역량을 역으로 증언하는 인간, 존재의 비극을 역설적으로 "초인의 희극"[11]으로 전화시키는 인간이다.

디디-위베르만G. Didi-Huberman은 이런 관점에서 들뢰즈의 「소진된 인간」이 해제로 포함된 베케트의 텔레비전 단편극 선집의 제목인 '쿼드'에 대해 의미 있는 해석을 덧붙인다. 단편극 「쿼드」의 공간을 규정하는 사각형, 곧 인물들의 움직임을 '가능하'게 함과 동시에 인물의 '소진'이 이루어지는 화면 내 존재 영역이 '쿼드'이다. 그런데 이 단어는 '어디까지' 혹은 '어느 지점(정도)까지jusqu'à quel point'라는 사태의 한계를 묻

---

10) Gilles Deleuze & Félix Guattari, *Qu'est-ce que la philosophie?*, Minuit, 1991, p. 24.
11) Gilles Deleuze, "Pensée nomade"(1973), in *L'île déserte et autres textes: textes et entretiens 1953~1974*, Minuit, 2002, p. 359.

는 라틴어 의문사 '쿠아드quad·quoad·quaad'이기도 하다.[12]
다시 말해 들뢰즈의 「소진된 인간」은 한편으로 '쿠아드'라는
질문이 존재조건이자 문제로 주어진 한계의 인간에 대해 말
하고자 한다는 것이다. 들뢰즈/베케트의 소진된 인간은 존재
의 '거짓' 한계인 '가능한 것'을 소진하며 스스로 소진된다. 그
리고 이를 통해 가능한 것을 잠재성의 역량으로 전화시킨다.
이 잠재성의 현실화라 할 존재의 마지막 미학적 사건이 바로
'이미지를 만들다faire l'image'이다. 소진된 인간은 스피노자
가 "인간들만큼이나 많은 인간적 이미지들로 형성"됐다고 말
한 신체의 가능성의 한계에서 자신의 개체 원리를 증언하는
'어떤 하나의 이미지'를 생성한다. 생성(되기)이란 "자기 자
신 외에는 다른 어떤 것도 생산하지 않기"[13] 때문이다. 모든
가능성을 소진한 '소진된 인간'만이 결국 이미지를 만든다.

　소진된 존재의 미학적 역량을 정의하는 '이미지를 만들다'

---

12) Georges Didi-Huberman, "Q comme quad," in *Objet Beckett*, Ed. du
Centre Pompidou, 2007, p. 114. 들뢰즈는 생전에 클레르 파르네Claire
Parnet와의 영상 인터뷰 「들뢰즈의 ABC」에서 알파벳 Q 항목을 '질문question
이란 무엇인가'라는 주제로 풀어낸 바 있다. 라틴어 어원의 대다수 의문사들은
실제로 q로 시작한다. qui·quis(누구), quod(무엇), quando(언제), quanto
(어떻게), quare·quomodo(어떻게), qualis(어떤 종류로), quam(어느 정도
로), 그리고 quad·quoad·quaad(어느 정도까지) 등. 디디-위베르만은 이 점
에서 들뢰즈의 Q는 'question'의 Q일 뿐만 아니라 '쿠아드quad'의 Q이기도
하다고 말한다.

13) Gilles Deleuze & Félix Guattari, *Mille plateaux*, p. 291.

는 사실 베케트가 1950년대에 쓴 단편『이미지』의 마지막 말이기도 하다.[14] 뒤에 좀더 상세히 분석하겠지만, 『이미지』는 어떤 파편적인 (사랑의) 기억들, 기억의 이미지들을 되새김질하는 '나'의 독백으로 이루어져 있다. 독백은 오직 정신적 '시점'의 중심으로서만 존재하는 듯한 한 소진된 인간, 어떤 아무개 '나'라는 애벌레 주체의 수동적인 의식의 흐름을 따라간다. 이 흐름 속에 파편적인 기억-이미지들이 비자발적으로 involontaire 나타났다 사라지길 반복하고, 개인적인 기억-흔적들은 어느 순간 어떤 비인칭적인 이미지로 만들어져 결정화된다. 이미지는 한 수동적 주체에게 발생하는 시간의 이상한 화학 작용 속에서 만들어지는 듯하다. 그리고 이미지의 생성이 이루어지는 일종의 '변환기transducteur' ── 시몽동 G. Simondon의 의미에서──처럼 기능하는 실체 없는 주체인 '나'는 이를 가리켜 최종적으로 "나는 이미지를 만들었다"고 종합한다.

『이미지』는 "만들어지다 나는 이미지를 만들었다c'est fait j'ai fait l'image"라는 문장으로 종결된다. 이 순간 베케트의 단편은 마치 '잃어버린 시간'을 찾아가는 기억의 여정, 기억의 시간

---

14) Samuel Beckett, *L'image*, Minuit, 1988. 미뉘 출판사에서 10쪽 남짓한 문고판 형태로 출간된 이 소품의 마지막 페이지에는 정확한 집필 연도 대신 '1950년대'라는 대략적인 연대만이 기록되어 있다.

이 이제 도래할 책Livre의 시간, '예술의 시간'으로 변모하는 것을 목도하는 『되찾은 시간』(마르셀 프루스트, 『잃어버린 시간을 찾아서』 제7권)의 화자의 경험을 베케트식 시적 사유로 반복하는 듯하다. 혹은 "죽음은 우리 삶의 파란만장한 몽타주를 완성한다"[15]라고 말하면서 의외의 지점에서 스피노자와 조우하는 파솔리니의 시적 진실과 마주하는 듯도 하다. 수동형과 능동형의 독특한 역동적 전치로 이루어진 『이미지』의 마지막 문장 "만들어지다 나는 이미지를 만들었다"는, 이처럼 들뢰즈가 애벌레 주체라 정의한 베케트의 인간들에게 일어나는 특이한 개체화의 사건이 어떻게 시간의 절대적 진실, 즉 시간의 창조적 역량과 예술의 주체화 과정과 연관되는지를 보여준다.

베케트의 텔레비전 단편극들은 바로 이 『이미지』의 사건을 소진된 인간들의 신체 그 자체, 즉 신체의 마지막 물질적 역량을 통해 현시해 '보여'준다. 텔레비전 단편극들의 모든 극화가 이루어지는 장소, 곧 이미지의 역동적 사건이 일어나는 장場은 신체이다. 신체는 이미지의 사건이 직접적으로 일어나 현시되는 강도적 장이다. 즉 여기서는 소진된 신체가 완수해가는 느린 시간-이미지의 생성 외에 그 어느 것도 볼 것이 없다.

---

15) Pier Paolo Pasolini, *L'expérience hérétique*, Payot, 1976, p. 212.

신체에는 무슨 일이 일어나고 있는가. 무엇보다 신체는 무엇을 할 수 있는가. 우리는 "신체를 움직이고 신체와 정념을 지배하는 온갖 수단에 대해 말"할 수 있지만 정작 "신체가 무엇을 할 수 있는지"는 알지 못한다고 들뢰즈는 스피노자를 빌려 얘기한 바 있다.[16)]

신체는 명석하지clair 않고 애매한obscur 것, 판명하지distinct 않고 혼잡한confus 것, 그리고 스스로 알지 못하는 것이다. 그러나 신체는 또한 느낄 수 있고 참을 수 있고 기억할 수 있는 것, 그리하여 사유하지는 않지만 사유'하도록' 하는 것, 사유를 촉발하는 것이다. 신체는, 바로 그것이 없다면 가능할 수 없을 '감각의 논리'가 시작되는 곳이다. 감각은 어떻게 발생하는가. 감각이 발생하려면, 다시 말해 감각적 효과나 현상이 외부로 드러나려면 그 배후에 '차이'가 있어야 한다.[17)] 감성적인 것의 이면 혹은 현상 이면에 있으면서 이를 가능하

---

16) Baruch Spinoza, *L'éthique*, ⟨folio/essais⟩, Gallimard, 1954, p. 184(Ethique, III, prop. 2, sc) ; Gilles Deleuze, *Spinoza et le problème de l'expression*, Minuit, 1968, p. 198.

17) 들뢰즈가 『차이와 반복』에서 예로 들고 있는 '제베크 효과Seebeck effect'처럼, 전류의 흐름(E)이 생겨나려면 그 배후에 '전위차'라는 차이(e-e´)가 있어야 하고, 전위차 또한 그 배후에 온도차가, 온도차 역시 그 배후에 또 다른 비동등성, 즉 차이가 있어야 한다. 전위차나 온도차 등의 포텐셜의 차이(비동등)가 전기적 흐름이나 열 유속을 만들어내는 것이다. 들뢰즈는 이처럼 현상 배후에 중층적으로 뻗어 있는 차이의 형식이나 체계, 즉 동질적인 두 항이 아닌 변별적인 항들로 이루어진 불균등을 '강도'라 부른다.

게 하는, 즉 감각을 발생시키는 차이의 형식이 바로 강도强度, intensité이다.[18] 강도는 현상 배후에 무한히 뻗어 있는 차이적인 힘(물질적이고 준안정적인 포텐셜)[19]으로서, 신체는 무엇보다 생성과 소멸이 반복되는 강도적 흐름 그 자체이며, 강도의 차이화가 이루어지는 곳이다. 생성(되기)을 가능하게 하는 힘은 이성이나 의식이 아닌 이러한 신체의 물질성과 역량에서 기인한다. 그러므로 신체의 역량은 바로 강도, 즉 현상 배후에서 감각을 낳고, 기억을 일깨우며, 새로운 사유를 촉발하는 차이적 힘들이다.[20]

---

18) 칸트Immanuel Kant는 대상에 대한 인식 즉 경험이 가능하려면 감각적 잡다雜多가 시공간이라는 직관의 형식에 의해 일차적으로 수용되고 질서 지워져야 한다고 말한다. 『순수이성비판』에서 칸트는 경험을 구성하는 원칙을 정립하면서 본성이 다른 두 종류의 양, 즉 외연량과 내포량에 대해 말한다. 외연량은 공간과 시간이라는 직관의 형식을 통해서 들어오는 '연장延長적 크기'이다. 우리가 일반적으로 '현상'으로 감각하는 것은 바로 이 외연량이다. 그리고 이 현상들 속에 실재적인 것을 이루는 다른 양, 즉 내포량이 존재한다. 내포량은 현상에서 실재적인 것, 즉 의식적으로 지각되지는 않지만 감각이 실재로 대하고 있는 양이다. 다시 말해 그 자체로는 현상이 아니지만 크고 작은 정도들로 현상을 채우고 있는 '내적 차이'다. 이것이 바로 강도이다. 들뢰즈는 강도(내포량)가 경험적인 외연량과는 다른, 현상의 실재를 이루는 양이라는 점을 칸트가 정확히 식별하고 있으나, 강도의 내적 차이를 충분히 긍정하지 못한 채, 현상 곧 외연량으로 드러난 감각적 질을 '채우는' 재료로 환원시켜버렸다고 비판한다. 들뢰즈는 강도를 어떤 외부적 결합관계, 즉 외적 차이로 환원하지 않고 그것이 지닌 내적 차이를 전적으로 긍정하는 감성론을 제기한다.
19) 강도는 그 자체가 "이미 차이이므로 그 배후에는 일련의 다른 차이들이 있고, 강도는 자기 자신을 긍정하면서 그와 다른 차이들을 긍정한다"(Gilles Deleuze, *Différence et répétition*, P.U.F., 1968, p. 302).
20) 같은 책, p. 305.

신체는 고정되어 있는 것이 아니라 강도적 흐름을 통해 끊임없이 변이하며, 그리하여 지속적으로 새로운 감각과 사유를 발생시킨다. 그러므로 신체가 없다면 이념적 차이는 물질적으로 표현될 수 없고, 감각적 세계는 실재할 수 없을 뿐만 아니라 현실화되어 우리에게 드러날 수 없다. 이러한 강도의 역동적 극화, 즉 강도의 개체화가 이루어지는 신체가 바로 강도적 주체인 애벌레 주체이다.[21] 베케트의 텔레비전 단편극들은 유기적으로 통합되고 현실화하여 고착되지 않은, 다시 말해 유기체의 현실적 효과들이 소진된 이 강도적 주체들이 생성하는 독특한 개체화의 드라마이다. 행위를 이끌어가는 능동적 주체도, 이야기의 연쇄를 만드는 사건도 없지만, 유동적이고 자유로운 내적 차이의 운동, 미세한 변화, 변이, 변형의 궤적들로 이루어진 개체화의 시간-이미지가 거기 있다.

그런데 『이미지』의 마지막 말 "만들어지다 나는 이미지를 만들었다"에서 '만들어지다'는 사실상 '이루어지다' '완수되었다,' 즉 '끝났다'는 의미이다. 들뢰즈는 베케트의 텔레비전 단

---

21) 특정한 기능으로 고착되고 기관화된 유기체가 되기 이전에 존재하는 강렬한 강도적 운동, 흐름, 변화가 개체화이다. 그러므로 개체화의 주체는 강도이자 차이이다. 통합되지도 않고, 유나 종으로 묶이지도 않은 유동적이고 작은 차이들이 개체화의 주체인 것이다. 들뢰즈는 종과 같은 통일성을 갖추기 이전의 주체이자, 유기적 조직화 같은 통합성을 갖추기 이전의 주체라는 의미에서 개체화의 주체를 애벌레 주체라 부른다.

편극에 등장하는 모든 소진된 신체가 바로 이 존재의 마지막 생성 운동을 향해 나아간다고 말한다. 신체들은 시간의 순수 사건들이 압인된 강렬한 시간-이미지들의 강도적 생성을 통해 존재의 개체 원리, 곧 '이것임'의 의미를 '지금, 여기'에서 증언한다. 이런 관점에서 『이미지』의 마지막 말 "만들어지다 나는 이미지를 만들었다"는 또 하나의 논쟁적 차원을 내포하고 있는 것처럼 보인다. 그것은 서구적 '인간-이미지'의 신화적 원조 중 하나인 어떤 '에케 호모ecce homo'가 지상에서 완수한 마지막 말("다 이루었다," 「요한복음」 19장 30절)과 정확히 대구를 이루며 이 말이 준거한 존재론적 지평과 맞서고 있는 듯하다. "말씀Verbe이 육신chair이 되어"(「요한복음」 1장 14절) 그의 아버지의 '이미지'에 따라 '만들어졌던' 한 독특한 인간——신의 아들이자 사람의 아들이었던——의 말씀의 '이름' '역사하심'이 준거한 지평 말이다.

  『이미지』의 마지막 말은 신의 이미지로 '역사' 했던 '에케 호모'의 마지막 말이 결국에는 되돌아간 지평, 즉 초월적 지평과는 정반대의 지평, 곧 내재성의 지평에서, 존재의 개체성의 원리인 '이것임'의 의미를 영웅적으로 설파하는 가장 인간적인 마지막 말이기도 하다. 즉 인간인 '나'는 나의 삶을 하나의 독특한 개체, 이미지로 만들어냈다(창조했다)…… 앞서 강조했듯이, 생성이란 자기 자신 이외의 그 어떤 다른 것도 생산하지 않기 때문이다. 신과의 유사성을 잃어버린, 아니 "결여한, 악마적인 이미지," 아니 차라리 오직 "차이를 통해서 살아가는 이미지," 게다가 "카오스와 코스모스의 내재적 동일성"을 그 자체로 보여주는 이미지……[22] 이것은 또한 베케트의 텔레비전 단편극의 소진된 인간들이 강렬한 묵언의 시간-이미지로 증언하는 것이기도 하다.

_____

22) 같은 책, pp. 167~68.

2. 베케트 혹은 존재의 존재하려는 외침, "완전한 어둠에 이르기까지"(『몰로이』)

> 신체가 사유하는 것이 아니다. 고집 세고 막무가내인 신체는 사유하도록 강요한다. 그리하여 사유에서 빠져나가는 것, 즉 생을 사유하도록 강요한다. 〔……〕 사유한다는 것은 사유하지 않는 신체가 할 수 있는 것, 즉 신체의 능력, 태도, 자세를 배우는 것이다. 〔……〕 사유는 신체의 태도를 통해 외부 세계보다 한없이 멀리 있는 '바깥'인 시간과 관계한다. 〔……〕 안토니오니의 영화 「외침」 속에 깃든 것은 의사소통의 온갖 비극이 아닌 어마어마한 신체의 피로, 곧 '전달할 수 없는 무언가,' 다시 말해 '사유되지 않은 것, 비사유l'impensé,' 생la vie을 사유에 제안하는 피로이다.
>
> ──질 들뢰즈, 『시네마 2: 시간-이미지』에서

　「고도를 기다리며」의 원작자이자 연출가인 베케트── '부조리극'의 선구자로 국내에 소개된[23]── 는 이오네스코E. Ionesco, 아다모프A. Adamov 등과 함께 서구 연극사에서 가장 문제적인 '신체의 미장센'을 제시한 작가이다. 들뢰즈에 따르면 베케트의 작품들은 "단테 이후 가장 놀라운 (신체의) 자세, 행동, 태도 들의 진열장"[24]이다. 아무도 이들처럼 직립하

---

23) 베케트는 여러 대담에서 자신의 극이 '부조리극'이라 불리는 것에 대해 강한 거부감을 표명했다.

24) Gilles Deleuze, "L'épuisé," in Samuel Beckett, *Quad et autres pièces pour*

지 않고 아무도 이들처럼 걷지 않으며 또 아무도 이들처럼 운동하고 정지하지 않는다. 그러니 결국 아무도 이들처럼 변용하고 변용되지 않는다. 신체에 대한 새로운 이미지, 새로운 사유를 촉발하는 신체들, 혹은 그 자체로 새로운 사유의 이미지가 되는 신체들이다.

베케트가 극화劇化한 세계의 인간들, 곧 배우/행위자들은 무엇보다 행동하지 않는다. 이들은 무언가를 능동적으로 '행' 하기보다, 그리고 무언가를 행하여 행동이 근거하고 있는 세계의 조건들을 변화시키기보다, 세계 안에서 세계의 조건들을 '감내pâtir'하며 고통스러워하고 그 흔적으로 뒤틀린 '신체들'이다. 스피노자처럼 말하자면, 베케트의 신체들은 행동(작용)하는 역량puissance d'agir뿐만 아니라 감내하고 고통스러워하는 역량, 상처 입고 견디는 역량puissance de pâtir 또한 신체의 능력임을 보여준다. 비록 이 역량이 사실은 (스피노자의 말처럼) 우리 인식의 한계에서 비롯된 것(곧 상상적인 것)이라 할지라도 말이다.[25] 베케트 극에서 배우/행위자들은 행위의 조건과 동기를 존재의 잉여, 극화의 잉여로 만드는 강력한 수동적 인간들이다. 그렇다면 행위하지 않는, 행위를 잉여로

la télévision, Minuit, 1992, p. 63.
25) Gilles Deleuze, *Spinoza et le problème de l'expression*, pp. 197~213.

만드는 배우/행위자란 어떤 의미가 있는 것일까. 아니 무엇보다 행위, 행동이란 무엇인가.

아리스토텔레스가 『시학』에서 고귀하고 조화로운(완결적인) 운동으로 묘사했던 행동/행위는 무엇보다 뮈토스muthos, 곧 사건들의 조직인 줄거리를 구성하는 것이다. 극이란 바로 '행위'의 '재현'이다.[26] 행위하는 자, 곧 '배우'에게 문제가 잠재된 상황이 주어지고, 이 문제에 대해 행위자가 해결을 모색하거나 혹은 이를 통해 원하는 것을 얻고자 할 때 행위는 시동된다. 즉 행위에는 상황과 동기가 필요하며, 그것은 욕망과 의지를 함축한다.[27] "나는 ~ 때문에 그것을 행한다." 행위는 곧 '연쇄'된다.[28] 들뢰즈는 이 같은 전제에서 출발해 고전 영화의 일반적인 행동-이미지의 원칙, 즉 상황(S)과 행위(A)의 연쇄로 이루어진 S-A-S와 A-S-A라는 두 인과론적 도식을 정식화하기도 했다. 행위는 배경, 이른바 '백스토리 backstory'를 전제하고, 방법 즉 '메소드method'로 구체화되며,

---

26) 아리스토텔레스, 『시학』, 김한식 옮김, 웅진씽크빅, 2010, p. 131. 특히 6, 8장 참조.

27) Nicholas Ray, *Action: sur la direction d'acteurs*, Yellow Now, 1992, p. 56 참조: "**행동**, 그것은 '행하는 것'이다. 〔……〕 나는 무엇을 원하는가. 나는 나의 문제를 어떻게 극복할 것인가. 나는 왜 여기 있는가. 나는 무엇을 하길 원하는가. **행동**은 욕망과 의지를 함축한다."

28) Gilles Deleuze, *Cinéma 1: l'image-mouvement*, Minuit, 1983, pp. 196~242.

이를 통해 배우/행위자를 진정한 허구적 인물로 변화시킨다. 주지하다시피 행위의 이러한 공식은 할리우드 고전영화기 명배우들의 산실이었던 '액터스 스튜디오'의 연기론, 즉 '메소드'의 근거가 되기도 했다.

베케트의 배우/행위자들은 이런 의미에서 행동하지 않는다. 이들은 행위의 능동성——"행동은 행동하는 어떤 임의의 사람들에 의해 행해진다"[29]——위에 있지 않다. 미발육과 불구와 퇴화가 공존하는 이들의 신체에는 상황과 합을 이루지 못하는 잉여적 조건과 흔적 들이 너무도 차별 없이 연쇄되어 있어, 정작 이들은 아무것도 행할 수 없다. 행위는 이들에게 너무 '크다,' 즉 벅차다.[30] 그러나 '행동'하지 않는, 그러므로 아무것도 '생산'하지 않는 베케트의 인간들은 아감벤이 "가장 인간적인 영역, 즉 에토스éthos의 영역을 여"[31]는 것이라고 말한 신체의 몸짓, 태도, 자세 들의 자기-생산을 통해, 감내하고 견디고 고통스러워하는 정념들의 잔혹한 변양들을 전대미문의 형상figure들로 현시해 보여준다.

그 예들은 다양하다. 「고도를 기다리며」의 디디Didi는 줄창 오줌을 지리고, 애처럼 졸음과 배고픔을 투정하는 고고Gogo

---

29) 아리스토텔레스, 『시학』, p. 153.
30) Gilles Deleuze, *Différence et répétition*, p. 120.
31) Giorgio Agamben, "Notes sur le geste," in *Trafic*, n° 1, hiver 1991, p. 35.

는 다리를 절면서 서성이며, 럭키Lucky는 파킨슨씨병 환자처
럼 머리부터 발끝까지 경련하며 중얼거리다가[32] 벙어리가 된
다. 그러니 포조Pozo가 장님이 되는 것은 하나도 놀랍지 않
다. 이들은 "가자" 하고 외치지만 떠나지 않는다. '어느 곳도
아닌 곳'에서 그저 기다리고 있지만, 시간은 이미 '멈춰 서'
있으므로 그 무엇도 도래하지 않는다. 누더기를 걸치고 같은
자리를 오가는 이 쓸모없는 어릿광대, 거렁뱅이 들은 자기 자
리에서 절뚝거리며 넘어지길 반복하고, 헐떡이며 허공을 향
해 무용하게 손짓을 하며, 다리를 벌린 채 잰걸음으로 걷다가
멈춰 서서는, 시도의 무차별한 다발성과 행위의 무능력 사이
에서 시간을 견딘다. 견디며 소진된다. 베케트는 자신이 직
접 연출을 맡은 이 연극의 공연 리허설에서 "그들은 소진됐습
니다. 조금만 더 느리게…… 더 낮게 말하세요"라고 반복해
서 강조했다고 한다.[33]

  그뿐인가.「게임의 끝Fin de partie」의 늙은 부부 나그Nagg
와 넬Nell은 따로 떨어져 쓰레기통 속에 갇혀 지낸다. 그러니

---

32) 럭키 역의 가장 뛰어난 배우 중의 한 사람인 장 마르탱Jean Martin은 파킨슨씨
   병에서 영감을 받아 자신의 역을 창조했다고 한다(Roger Blin, "Conversation
   avec Lynda Peskine," in *Revue d'esthétique*, 〈Spécial Beckett〉, 1986, p.
   161).

33) Walter Asmus, "Réduire… les deux mises en scènes de *Godot*," in *Revue
   d'esthétique*, p. 351.

이들은 서로 입을 맞출 수조차 없다. 검은 안경으로 얼굴을 가린 함Hamm은 봉사에 앉은뱅이이고, 다리를 절뚝거리는 클로브Clov는 앉을 수 없다. 그러니 이 불구의 신체들은 쉴 수도 떠날 수도 없다. "멈추는 것이 앞으로 나아가는 유일한 방법이었다"고 말하는 몰로이Molloy나, 북쪽으로 상체를 틀고 남쪽으로 오른쪽 다리를 뻗으면서 동쪽으로 가다가, 다시 남쪽으로 상체를 틀고 북쪽으로 왼쪽 다리를 뻗는 와트Watt는 또 어떠한가.[34] "움직임이란 얼마나 저주스러운 것인가"라고 소리치는 「오 아름다운 나날들Oh les beaux jours」(1961)의 위니Winnie는 허리부터 목까지 점점 땅속에 파묻혀가고, 「코미디Comédie」(1963)의 인물들은 얼굴만 빼고 커다란 항아리 속에 박혀, 아니 꽂혀 있다. 「숨Souffle」(1969)과 「난 아니야Pas moi」(1973)에서는 자신의 몸을 모조리 삼켜버린 듯한 커다란 붉은 입이 홀로 음탕하게 어둠 속에서 '나'를 소환하기도 하고 나를 부정하기도 하며 강박적으로 중얼거리고 소리친다.

멈추어버린, "언제나 같은 시간"(「게임의 끝」) 속에서 중력을 가까스로 견디며 버티는 마비되고 시들고 병든 신체들. 어

---

34) 디디-위베르만을 비롯한 상당수의 논자들은 브루스 나우만Bruce Nauman이 와트의 행동 양식에서 영감을 받아 만든 비디오 작품 「슬로우 앵글 워크Slow Angle Work(Beckett Work)」(1968)에서 베케트적 실험의 흔적을 발견한다. 그러나 나우만과 베케트의 작업은 전혀 성격이 다르다. 그것은 신체와 공간의 상태, 즉 극의 잠재적 조건이 성질을 달리하기 때문이다.

둠에 먹히고 잘리고 파편화된 채로 가까스로 빛에 저항하며 현시되는 신체들. 미명 속에서 태아처럼 웅크리고 죽음을 기다리거나, 함묵한 채 기다리면서 아득한 어둠 너머에서 올라오는 타인의 것보다 낯선 자신의 목소리를 듣고 있는 늙은 벨라쿠아Belacqua[35]들…… 들뢰즈는 여기에 "나는 차라리 ~ 하지 않기를 선호하련다I would prefer not to……"라고 분연히 선언하며 모든 사회적 명령들을 거부하고 죽음으로 향해간 바틀비(허먼 멜빌, 『필경사 바틀비』)와, "특성들을 소유하는 것이 그 특성들의 현실성에 대한 어떤 기쁨을 전제한다는 점에서" 특성의 소유를 거부하고 그럼으로써 "자기 자신에 대해 어떤 현실감각도 지니지 않은" 오직 "가능적 감각Möglichkeitssinn"

---

35) 벨라쿠아는 단테의 『신곡』 연옥편의 네번째 송가에서 연옥의 입구 두번째 비탈을 오르다 만나게 되는 영혼이다. 그는 태아의 형상처럼 깍지 낀 두 손으로 무릎을 꼭 껴안고 그 사이에 얼굴을 푹 파묻은 채 커다란 바위 그늘 속에 앉아 있다. 생전에 피렌체의 악기 제조인이었으나 그 삶이 지극히 나태하여 "마지막까지 선한 한숨을 미루었기에" 천국에 들어가지 못한 이 영혼은 마치 카프카의 소설 『성』의 K처럼 "살아야 했던 바로 그만큼 문밖에서 맴돌아야 할 것"(단테 알리기에리, 『신곡』, 한형곤 옮김, 서해문집, 2005, p. 375)을 명받는다. 베케트의 초기 비평문 「단테……, 브루노……, 비코……, 조이스Dante… Bruno… Vico… Joyce」(1929)에 출현하기 시작한 이 인물은 『발길보다는 가책More Pricks than Kicks』(1934)의 주인공에게 이름을 빌려주기도 하고, 『머피』『몰로이』 등 이후 다수의 작품 속에 출현하며 무엇보다 기다림과 대기의 시간, 체념과 강요된 휴식, 그리고 "살아 있는 것의 한계"(Jean-Yves Bosseur, "Entre parole et silence: Bing," in *Revue d'esthétique*, p. 263)에서 흐르지 않는 "신화적 현재"(『몰로이』)를 살아가는 베케트의 인물들 전체에 각인되어 있다고 연구자들은 평가한다.

만을 소유한 자, 곧 무질의 '특성 없는 남자'(로베르트 무질, 『특성 없는 남자』)의 실존적 태도를 덧붙인다.

베케트의 인간들은 행동하지 않는다. "멈추는 것이 앞으로 나아가는 유일한 방법이었다"라고 몰로이가 말할 때, 몰로이에게 남겨진 유일한 방법은 역으로 멈추면서 동시에 앞으로 나아가는 것이므로 그는 사실상 멈출 수도 앞으로 나아갈 수도 없다. 그런데 베케트의 인물들이 수동적으로 보이는 것은 사실상 가능한 '무언가'를 실현하고자 하는 것이 아니라, 오히려 가능한 '모든 것'을 고려하고 있기 때문이다. 이들은 어떤 동기나 의지에 따라 하나의 항을 선택하고 결정하여 행동으로 옮기려 하지 않는다. 대신 각항의 차이와 거리를 그 자체로 긍정함과 동시에 이 항들 또한 그 배후에 무한히 뻗어있는 차이들로 스스로 분화할 수 있음을 인정한다. 베케트의 인물들은 바로 이 차이들 사이를 궁극적인 결정 불가능성 속에서 왕복 운동하는 '사이' 신체들이다. 즉 베케트 인물들의 극단적 수동성은 역설적으로 "어떤 과잉의 결과"[36]이다. 이것이 들뢰즈가 '애벌레 주체'라 표현한 베케트 인물들의 존재론적 사태, 포괄적 이접disjonction incluse의 사태이다. 이 세계

---

36) 이찬웅, 「들뢰즈의 "이접적 종합": 신의 죽음 이후 무엇이 오는가?」, 『철학』 제107집, 2011, p. 57.

는 결단코 '부조리'한 세계가 아니라, 차이들이 즉자적으로 보존되며 공존하는 역동적 세계, 강렬한 생성의 세계이다.

베케트의 애벌레 주체들은 이렇게 모든 것을 감수함으로써 결국 모든 가능성을 포기하고("나는 태어나기도 전에 포기했다"), 가능성의 실현을 포기하는 데 바쳐진 체계적이고 집요한 노력들로 소진되어간다. 이 신체들의 무용한 왕복 운동들, 혹은 운동의 현실적 무능력이 무대를, 공간espace을 구성한다. 아니 이 신체들과 더불어 "무대는 점점 비워져가고 말들은 신체를 삼켜버리며 신체는 공간을 삼켜버린다. 곧 무대는 신체가 된다."[37] 신체는 무대, 혹은 강도적 힘들이 휩쓸어가는 공−간spatium이 되어버린 듯하다. "배우의 영도degré zéro"[38] 지점을 향해 "소진의 리듬"[39]을 타고 하강해가며 혹은 상승해가며 "무로 존재할 수 있는 권리"[40]마저 갖게 된 듯한 이 신체들은 아르토A. Artaud적 의미에서 "형이상학적 잔혹성 cruauté métaphysique"[41]의 극한에 이른 신체들이다.

37) Pierre Chabert, "Samuel Beckett: lieu physique, théâtre du corps," in *Cahiers Renaud-Barrault*, n° 106, 〈Duras-Beckett〉, Gallimard, 1983, p. 93.

38) Giorgio Strehler, "Beckett ou le triomphe de la vie: notes de mise en scène de *Oh les beaux jours*," in *Revue d'esthétique*, p. 222.

39) Walter Asmus, "Réduire… les deux mises en scènes de *Godot*," p. 353.

40) Pierre Chabert, "Présentation," in *Revue d'esthétique*, p. 17.

41) Marie-Claude Hubert, "Le spectacle du corps dans le théâtre de Beckett," in *Le corps en jeu*, CNRS Éditions, 1993, p. 239.

베케트의 신체들은 이렇게 전혀 새로운 신체의 이미지들을 제시하면서 새로운 극적 주체의 가능성을 보여준다. 신체는 점점 이름과 이야기의 가능한 세계를 벗어난다. 또한 신체에 운동의 연장선과 좌표를 부여하는 공간의 규정성에서도 벗어난다. 특히 성별도 이름도 나이도 없는 어떤 독특한 익명의 주체가 잔혹하고 순수한 시간의 감응만을 현시하고 있는 듯한 텔레비전 단편극에서 신체는 정신의 어떤 '현실'적 운동을 '실재화'하는 듯이 보인다.[42] 정신은 신체가 된다.[43] 혹은 그 역이기도 하다. 스피노자가 "인간들만큼이나 많은 인간적 이미지들," 이미지들의 연쇄로 구성되었다고 말한 신체는 모든 가능한 것의 가능성을 소진하는 최후의 노력과 함께 생의 마지막 리듬을 완성, 다시 말해 종결하려 하는 듯하다. 베케트의 인간들은 이렇게 무언가를 실현하는 대신, 곧 행동하는 대신 스스로의 소진을 통해 무언가가 발생되도록 자신을 내어준다. 이미지는 그렇게 만들어진다. 그렇다면 이미지의 발생은 왜 가능한 것의 소진을 통해서만 가능하게 되는 것일까.

---

42) Gilles Deleuze, *Le pli: Leibniz et le baroque*, Minuit, 1988: "세계는 영혼들 안에서 현실화되고, 신체들 안에서 실재화된다"(p. 163); "신체가 실재화하는 것이 아니라 신체 속에서 무언가가 실재화되고, 바로 이를 통해 신체는 그 자체로 실재적인 것 혹은 실체적인 것이 된다"(p. 141); "무언가가 영혼 안의 현실적인 것을 신체에 실재화하는 한에서 신체들은 실재적이 된다"(p. 163).

43) Pierre Chabert, "Samuel Beckett: lieu physique, théâtre du corps," p. 97.

이제 왜 그토록 들뢰즈가 '가능한 것의 소진'을 말하고 있는지에 대해 얘기해야 할 것이다.

3. 가능한 것, 오직 가능적이기만 한 실존

> 창조자란 자신만의 고유한 불가능성을 창조하는 자, 그리고 동
> 시에 가능한 것을 창조하는 자이다.
>
> ─질 들뢰즈, 『대담』에서

  일반적으로 우리는 가능한 것, 곧 가능성으로만 존재한다
고 여겼던 것이 현실적으로 실현된 것을 실재le réel라고 생각
한다. 즉 먼저 어떤 가능성이 전제되고, 그다음 그것이 실현
되어 실재하게 되는 것이라고 생각한다.[44] 그러나 이는 오류
이다. 존재하지 않음을 의미하는 무에 대해 '무의 존재'라고
말하는 것만큼이나 오류이다. 가능한 것은 엄밀히 말하면 실
현이 예정된, 실현해야 할 미지의 어떤 새로운 것이 아니다.

---

44) 이것은 전통적 형이상학이 근거한 질료형상설의 가능태/현실태 원리에 따른
   것이다. 아리스토텔레스식의 질료형상설에 따르면, 존재에는 개념(형상)이 먼
   저 가능적으로 선행하고 이것이 현실화한다. 그러므로 가능한 것은 개념(형
   상)의 동일성의 원리에 입각해 있다. 가능한 것은 질료가 주어지지 않는 한 형
   상의 차원에 머물며 현실화하지 않을 수 있고, 그런 만큼 실재적이지 않다.

가능한 것은 사실상 실재하고 있는 것에서 출발해 그로부터 재구성된 것이기 때문이다. '~이 가능하다'고 말할 때 우리는 이미 주어진 것들, 실재하는 것들로부터 어떤 가능성을 유추 혹은 파생해냈을 뿐이다. 결국 가능한 것은 실재를 재구성한, 실재와 유사한 것, 곧 재현의 사유에 속한 것이다. 가능한 것은 실재하지 않으므로 실재의 반대항이지만, 실재로부터 파생된 것이며 실재와 닮은 것으로 '실현'되려는 것이다. 이러한 이유로, 현실화한 것은 아니지만 실재하고 있는 '잠재적인 것'과 '가능한 것'은 서로 혼동될 수 없다. '가능한 것'은 '현실적인 것'과 동일 층위에서 단지 실존existence 혹은 존재가 부재한 것을 가리키는 말일 뿐이다.

이 인식의 오류, 거짓 문제인 '가능한 것'은 인간 인식의 한계와 유한성에서 비롯된 것이다. 그렇기 때문에 '가능한 것'이라는 관념은 역으로 인간 인식활동의 고유성을 의미하는 것이기도 하다. 스피노자에 따르면, '가능한 것'은 자신을 존재하게끔 하는 원인들에 대한 인식의 결여에서 생겨난 것이다. 즉 어떤 것의 원인이 무엇인지 알지만 이 원인이 실제로 현실에 존재하는지 알지 못할 때 우리는 그것을 '가능한 것'이라 말한다.[45] 그러므로 신이 "자신의 본성의 필연적 법칙들

---

45) 박기순, 「스피노자에서의 픽션 개념」, 『인문논총』 제56집, 서울대학교 인문학

에 따라 작용하고 사물들을 생산한다는 형이상학적 원리"[46]에 기초한 스피노자의 철학에서 가능으로서의 능력은 허구이다. 하지만 우리의 일상적 사고와 활동은 사실상 이 부적합한 관념인 가능한 것에 대한 믿음, 가능의 능력에 대한 믿음에 근거하고 있다.

이를 가장 잘 보여주는 것이 언어이다. 언어는 우리의 일반적 통념과 달리 '존재하는 것을 말하는 것'이 아니다. 들뢰즈가 브리스 파랭B. Parain을 인용하여 강조하듯이, "언어는 존재하는 것을 말하는 것이 아니"라 존재할 수 있는 것, 존재 '가능한 것'을 말한다.[47] 언어는 "가능으로서의 능력에 대한 믿음에 근거"해 있다.[48] 아니 언어는 무엇보다 가능한 것을 언표한다고 들뢰즈는 재차 강조한다.[49] 예를 들어, '나는 걸을 수 있다'고 말하는 것은 항상 가능하다. 그러나 스피노자

연구소, 2006, p. 161.

46) 같은 글, p. 159.

47) "언어는 존재하는 것을 말하는 것이 아니다. 언어는 존재할 수 있는 것을 말한다. 〔……〕 천둥이 친다고 당신이 말한다. 〔……〕 누군가 당신에게 다음과 같이 응수할 것이다. 가능해, 그럴 수 있지…… 내가 날이 밝았다고 말한다면, 그것은 결코 날이 밝아왔기 때문이 아니다. 그것은 나에게 고유한, 어떤 실현해야 할 의도가 있기 때문이다. 날이 밝았다는 것은 단지 이를 위한 기회, 핑계 혹은 그에 대한 논거일 뿐이다"(Brice Parain, *Sur la dialectique*, Gallimard, pp. 61, 130: Gilles Deleuze, "L'épuisé," p. 58, n. 4에서 재인용).

48) 박기순, 「스피노자에서의 픽션 개념」, p. 160.

49) Gilles Deleuze, "L'épuisé," p. 58.

에 따르면, 이 가능으로서의 능력은 허구이다. 누군가가 자신이 '걸을 수 있음'을 보여주기 위해 실제로 걸었다면, 그는 단지 '걷고 있음'을 보여준 것이지 '걸을 수 있음'을 보여준 것이 아니다. 그는 걷지 않거나 걷는 것을 보여줄 수 있지만, '걸을 수 있음'을 보여줄 수는 없다.[50] 우리의 오류는 이같은 언어의 쓰임새를 대체로 사물 또는 관념과 혼동한다는 것이다. 그러나 언어는 사물에 대한 적합한 인식이 아니라 우리 공통의 경험, 우리의 지각에 나타나는 현상과 결과의 논리에 기초해 있다. 언어의 쓰임은 삶의 쓰임을 그 원인으로 갖는다는 얘기다.[51] 사물을 분류하고 구별하는 방식으로서의 언어는 사물에 대한 인식을 수반하지만, 이때의 인식은 실상 과학적 결정보다 실용적 결정에 의존한다. 스피노자는 언어가 사물의 원인과 본성에 대한 인식이 아닌 그 결과에 기초한다는 점에서 본성상 부적합한 인식인 '상상'에 속한다고 말한다.[52] 그러나 이 부적합성은 언어에서 중화되어 나타나는데, 언어에는 전통과 역사가 축적되어 있고 공통의 경험이 담지되어 있기 때문이다. 결국 언어의 능력을 포함하여 모든 '가능한 것'은 부적합한 인식의 결과지만 동시에 우리 인간에게 불가피

---

50) 박기순, 「스피노자에서의 픽션 개념」, p. 160.
51) 박기순, 「스피노자에서 언어와 정치」, 『시대와 철학』 제18권 2호, 2007, p. 236.
52) 같은 곳.

하게 주어지는 사유의 지평이기도 한 것이다.

이 부적합한 관념에 대한 베르그손의 문제제기와 비판은
잘 알려져 있다. 가능한 것은 말 그대로 (아직) 실재하지 않
는 것이다. 아직 실재하지 않는 가능한 것은 "실현되거나 실
현되지 않"을 것이다. 여기에 가능한 것의 거짓 문제성이 근
거한다. 우리의 오류는, 가능한 것을 실재에 앞서 존재하는
것으로 간주하면서 가능한 것의 실현과 새로운 것을 창조하
는 역량을 혼동한다는 것이다. 그러나 앞서 얘기했듯이, 가
능한 것은 사실상 미지의 어떤 새로운 것이 아니라, 이미 주
어진 것들, 실재하는 것들로부터 그 가능성을 유추, 파생해
낸 것이다. 그러므로 가능한 것의 실현 과정은 제한과 유사성
(닮음)이라는 두 본질적인 규칙에 순응할 수밖에 없다.[53] 또
한 모든 가능한 것들이 다 실현될 수 있는 것은 아니므로,
"가능한 것의 실현은 언제나 배제"와 선택이 전제된다.[54] 배
제와 제한, 선택에 따라 어떤 가능한 것은 실현에서 제외되고
어떤 가능한 것은 실현되어 실재 속으로 '이행한다.' 가능한
것의 실현은 (주어진 실재에 근거한) 어떤 의도, 계획, 목적
을 전제하며, 따라서 '실현될' 실재는 이제 '실현해야 할' 가능

53) 질 들뢰즈, 『베르그송주의』, 김재인 옮김, 문학과지성사, 1996, p. 135.
54) Gilles Deleuze, "L'épuisé," p. 58.

한 것의 이미지 속에 '이미' 존재한다. 결국 가능한 것은 실재의 이미지에 따라 만들어진 것, 실재와 닮은 실재의 클리셰이다. 바로 이러한 이유로 가능한 것의 실현 과정은 '창조'라 말할 수 없다.[55]

가능한 것과 혼동하지 말아야 할 개념이 '잠재적인 것le virtuel'이다. '잠재적인 것'의 의미는 아직 현실적이지 않다는 것, 현실화하지 않았다는 것이다. 그러나 현실화하지 않았을 뿐 실재하는 것이다(실재하므로 실현, 실재화될 필요가 없다). 잠재적인 것은 실재하므로 실현되는 것이 아니라 현실화해야 한다. 잠재적인 것과 현실적인 것은 사실상 세계/실재의 두 가지 존재 방식을 말하는 것이다. 세계/실재는 잠재적이거나

---

55) 질 들뢰즈, 『베르그송주의』, p. 137: "……가능성은 거짓된 개념이며 거짓 문제의 원천이다. 실재는 가능성을 닮았다고 상정된다. 이 말은 이미 만들어져 있고, 미리 형성되어 있고, 그 자신보다 앞서 존재하고, 그리고 연이은 제한들의 질서에 따라 실존하게 되는 실재가 우리에게 주어져 있다는 것을 의미한다. 우리에겐 **이미 모든 것이 주어져 있으며**, 실재의 전부는 이미지 속에, 가능성이라는 사이비-현실성 속에 주어져 있다. 이렇게 해서 요술이 분명해진다. 만약 실재가 가능성을 닮았다고 얘기된다면, 실은 실재가—그것의 허구적 이미지를 '역투사하기' 위해서는 그리고 그 일이 일어나기 전에 그것은 언제나 가능성이었다고 주장하기 위해서는—그 고유한 수단을 가지고 생겨나기를 우리가 기다렸기 때문 아닐까? 사실 가능성을 닮은 것은 실재가 아니며, 실재를 닮은 것이 바로 가능성이다. 그런데 우리는 일단 만들어진 실재로부터 가능성을 추상해냈기 때문에, 이 가능성은 실재로부터 자의적으로 추출해낸 쓸데없는 부본 같은 것인 셈이다. 따라서 우리는 차이의 메커니즘에 대해서도 창조의 메커니즘에 대해서도 전혀 알지 못하는 것이다."

현실적이다. 잠재적인 것의 현실화는 '가능한 것의 실현'처럼 선택이나 제한에 의해 실행되는 것이 아니라, 오히려 "적극적 행위들 속에서 자신의 고유한 현실화 계열들을 창조"함으로써 '구체화'되어야 한다.[56] 애벌레/유충이 껍질을 벗고 (미시적 죽음을 통해) 나비가 되듯, 현실화는 잠재적인 것의 질적 변화이자 차이이며 분기, 창조이다. 게다가 현실화한 것은 이미 또 다른 현실적인 것의 '잠재적인 것'으로 존재하지 않는 한 현실화될 수 없다. 현실화하는 것은 어떤 현실적인 것의 현실태로서의 존재가 아니라 다른 현실태의 잠재태로서 존재하는 것이다. 이것이 창조와 분화로서의 지속과 생명의 도약을 설명하는 베르그손의 존재론적 전제이다. 잠재적인 것은 어떻게 현실화할지 예측 불가능하다. 질적으로 변화하면서 분기하고 차이를 생성해내는 이 강도적 운동을 창조라 부를 수 있다면, 실재로부터 그 현실성을 유추해내는 가능한 것은 결국 '가능성'이라는 말이 일반적으로 함의하는 새로운 것의 생성, 창조로 나아가기보다 진부한 것, '클리셰,' 상투적 이미지의 재생산으로 귀착되고 만다. 가능한 것의 '소진'이라는 문제가 제기될 수밖에 없는 이유이다.

앞서 얘기했듯이, '가능한 것'은 이미 실재하는 것으로부터

---

56) 같은 책, p. 136.

파생되고 추출된 것이다. 즉 실재의 요구와 실제적인 관심에 따른 선택과 배제를 통해 실현되고자 하고, 그럼으로써 다시 실재로 돌아가는 것이다. 그러므로 가능한 것의 실현은 실재의 이미지에 따라 배타적, 배제적인 종합 과정(베케트식 '포괄적 이접'의 종합이 아닌)을 거쳐 현실의 파생물, 클리셰를 재생산하는 과정이다. 그러나 '가능한 것'이 존재의 지평이자 한계라는 것은, 존재가 자기보존을 위해 능동적으로 수행하는 모든 유기적 과정들이 실재의 가능한 클리셰들을 재생산하는 이 운동을 피할 수 없다는 의미이기도 하다. 모든 살아 있는 물질, 곧 이미지들의 유기적 체제가 근거한 '감각-운동적sensori-moteur' 과정은 바로 이 같은 배타적이고 배제적인 종합 과정, 이른바 '감산적soustractif' 운동 과정을 통해 실재의 클리셰들을 재생산하면서 실재로 통합되는 과정이다. 바로 이것이 들뢰즈가 베르그손의 『물질과 기억』에 근거해 영화 이미지로 대표되는 살아 있는 물질-이미지, 곧 운동-이미지의 유기적 체제를 설명하는 내용의 근간이다.[57]

작용하고 반응하면서 상호작용하는 모든 유기체의 감각-운동적 과정은 수용된 지각에서 유기체의 실제적 관심과 요구에 따라 어떤 것은 선택하고 나머지는 배제하며 가능한 반응

---

57) Gilles Deleuze, *Cinéma 1: l'image-mouvement*, pp. 83~97.

을 시동시킨다. 즉 모든 유기체의 감각-운동적 과정은 가능한 것의 실현 과정처럼 주어진 현실로부터 수용한 지각에서 현실의 적절한 파생물인 클리셰들을 재생산하는 과정이다. 그러므로 가능한 것을 실현하는 모든 감각-운동적 체계는 사회적으로 용인된 상투적 방식, 이미 습득된 반응과 행동을 시동시킬 수밖에 없다. 하지만 이렇게 재생산된 클리셰들은 그저 낡거나 힘을 잃어버린 하잘것없는 것들이 아니다. 들뢰즈가 거듭 강조하듯 모든 클리셰는 즉각적이고 자발적으로 반응réaction을 시동시키는 '규범적인' 이미지들, 강력한 주류 이미지들이다. 새로운 이미지 또한 "감각-운동적 연쇄에 삽입"되거나 "그 자신이 감각-운동적 연쇄를 조직하고 끌어들임"[58]으로써 언제든지 주류적 규범에 합류하여 금세 클리셰의 상태로 떨어질 수 있다. 그것은 모든 유기체의 능동적인 자기보존 과정이 그러하며, 이미지 또한 "그렇게 되도록 만들어졌"[59]기 때문이다. 심지어 "클리셰에 대한 저항조차 클리셰를 생산할 수 있"[60]다. 이미지의 문명, 곧 우리 유기체가 생산하고 재생산한 문명은 "클리셰의 문명"이다.[61] 그렇다면 어떻게

---

58) Gilles Deleuze, *Cinéma 2: l'image-temps*, Minuit, 1985, pp. 32~33.
59) 같은 책, p. 33.
60) Gilles Deleuze, *Francis Bacon: logique de la sensation*(1981), Seuil, 2002, p. 85.
61) Gilles Deleuze, *Cinéma 2: l'image-temps*, p. 33.

새로운 것의 출현, 창조에 대해 말할 수 있을 것인가. 다시 말해 가능한 것을 실현하고자 하는 회로로 들어가는 대신, 어떻게 이를 창조성의 역량, 곧 잠재성의 역량과 교환할 것인가. 가능한 것의 소진이라는 문제는 이렇게 대두된다.

가능한 것의 실현은 유기체의 자기보존적 실현의 운동인 감각-운동적 연쇄 과정을 전제한다. 그러므로 가능한 것을 소진한다는 것은 먼저 클리셰/이미지를 재생산하는 실현의 운동, 곧 감각-운동적 도식이 지배하는 유기적 연쇄 체제와 단절함을 의미한다. 하지만 새로운 것을 창조하는 역량은 우리 삶 너머에 있는 어떤 초월적인 지평에 있는 것이 아니다. 그것은 우리 삶의 기저에 실재하는 생명의 잠재적 평면, 시간의 발생적 차원에 내재한다. 베케트식 애벌레 주체들, 곧 「영화」의 인물 O나 텔레비전 단편극의 소진된 신체들이 유기체로서의 완전한 소진을 불사하면서까지 제기하는 것이 바로 이 생명의 잠재적 평면에 내재한 창조적 역량, 시간의 형식과의 조우이다. 유기체는 사실 생명이라기보다 "생명을 가두고 있는 것"[62]이기 때문이다. 「영화」의 인물 O는 감각-운동의 연쇄 과정을 야기시킬 모든 지각의 가능성을 소거하는 것에 자신의 마지막 숨을 바친다. 그리고 바로 그 자신 이전에 '우

---

62) Gilles Deleuze, *Francis Bacon: logique de la sensation*, p. 48.

주적이고 정신적인 물결처럼 찰랑이고' 있는 생명의 내재적 평면과 조우한다. 텔레비전 단편극의 우주만큼 늙은 애벌레 주체들은 신체의 무용한 운동의 연쇄와 반복을 통해 현실적 공간의 규정성을, 유기적 신체의 능력을, 그리고 개인적 기억의 근거마저 소진시킨다.

베케트의 신체들은 이렇게 가능한 것을 실현하는 것이 아니라, 가능한 것이 시간의 형식을 띠고 스스로 분화하면서 생성할 수 있는 차이와 거리를 그 자체로 긍정한다. 그리고 이 차이들을 포괄적 이접을 통해 종합하는 한없는 유희에 몰두하며 이미지의 새로운 연쇄(로서의 이미지)를 만들어내고자 한다. 즉 신체는 클리셰를 생산하는 유기적 회로 대신 시간의 형식 속으로 들어가, 그 빈 형식 속에서 형상화되는 어떤 독특한 이미지, 어떤 비인칭적 이미지를 스스로 제시한다. 이것이 들뢰즈/베케트의 '소진된 인간'이 자신을 시간의 질료로 투여하여 가능하게 한 '이미지 만들기'이다. 그는 어떤 클리셰/이미지를 '실현'하는 대신, '이미지를 만든다.'

들뢰즈는 이미지란 어떤 가정된 현실을 재현하는 것이 아니라 그 자체로 전적인 현실성이 있는 것이라고 말한다.[63] 이때의 이미지는 어떤 실체의 복사나 심리적 모상, 상상적 재현

---

63) Gilles Deleuze, *Différence et répétition*, p. 199.

이 아닌, 베르그손이 의미한 바 그대로, 신체를 포함하여 지속적인 변이의 역량과 생명력을 지닌 '물질'이다. 이미지란 무엇보다 대상이 아닌 '과정,'[64] 곧 잠재적이고 유동적인 차이 생성의 운동을 통해 시간 속에서 생성되고 시간으로 형상화하는 순수한 강도적 에너지다. 그러므로 존재가 가능한 것의 한계에서 순수한 잠재성의 역량과 만나 성취해야 할 또 하나의 생성, '되기'가 있다고 말할 수 있을 것이다. 이 생성의 강도적 흐름 속에서 신체는 강렬한 개체화의 사건을 체험하는 강도적 주체가 된다. 신체가 가능한 것을 소진하고 잠재적 역량을 선취하는 순간, 곧 가능한 것이 잠재성의 역량으로 교환되는 순간은 죽음과 혼돈의 순간이자 생성과 창조의 순간, 카오스모스의 시간이다. 창조적 죽음의 순간인 바로 그때에 이르러서야 우리는 존재하는 이미지에 대해 말하기를 넘어, 그리고 클리셰를 실현하기를 넘어, 비로소 '이미지를 만들었다'고 말할 수 있다. 들뢰즈/베케트의 '소진된 인간'은 바로 가능한 것의 소진을 통해 스스로 '이미지를 만들어'내는 창조적 인간, 예술가인 인간이다.

들뢰즈는 『차이와 반복』에서 (강도적) 개체의 존재론적 (주름)운동을 설명하면서 가능한 것의 의미를 다음과 같이

---

64) Gilles Deleuze, "L'épuisé," p. 72.

부언 설명하고 있다. 가능한 것은, 개체를 구성하는 강도적 요인들이 현실화하면서 펼쳐지는 운동('밖-주름운동ex-plication'으로서의 주름운동)에서 "현실적 대상의 존재론적 유래를 암시하는 실마리"로 존재하고 있다는 것이다. 가능한 것은, 강도적 요인들이 현실화하는 운동의 내부에 잠재적인 것들이 행하는 "운동의 가치들이 여전히 항존하고 있음을 증언"한다.[65] 즉 가능한 것은 잠재적인 것의 가치를 증언하는 실마리이다. 가능한 것이라 말하면서 사실 우리가 진정으로 꿈꾸는 것, 꿈꾸어야 하는 것은 창조이자 새로운 분기를 이루어낼 '잠재성'의 역량이기 때문이다.

이 점에서 들뢰즈의 「소진된 인간」을 좌파의 정치적 입장에서 읽으면서 '가능한 것'의 의미를 재해석한 주라비슈빌리F. Zourabichvili의 논점은 흥미롭다. 주라비슈빌리는 들뢰즈의 '가능한 것' 개념이 두 가지 관점에서 이해 가능하다고 말한

---

65) Gilles Deleuze, *Différence et répétition*, pp. 359~60: "각각의 계열은 다른 계열들에 의해 '안-주름져' 있고, 다시 이 다른 계열을 안-주름 잡는다. 다른 계열들에 의해 함축되면서 다른 계열들을 함축하는 것이다. 이 강도적 계열들은 체계 안에서 '봉인하는 것들'과 '봉인되는 것들' 그리고 '해결하는 것들'과 '해결되는 것들'을 구성한다. 우리는 끝으로 기저의 계열들 사이에서 체계를 뒤덮고 개봉하게 되는 특질과 연장들의 상태를 밖-주름운동explication이라 부른다. 여기서는 분화들이 구체화되고, 최종적인 해의 집합을 정의하는 적분들이 그 모습을 드러낸다. 그러나 봉인의 중심들은 여전히 문제들의 끈덕진 항존을 증언하거나 밖-주름운동과 해결운동 안에서 안-주름운동의 가치들이 여전히 항존하고 있음을 증언한다(겹-주름운동réplication)."

다.[66] 하나는 베르그손의 비판적 의미에서 가능한 것을 실재의 파생물로 파악하는 것이다. 여기서 가능한 것에 대한 질문은 여전히 존재의 참된 문제가 아니다. 가능한 것은 실재에 새로운 것을 가져올 수 없다. 가능한 것은 단지 '실현해야 할 이러저러한 계획'처럼 주어진 현실, 실재의 어떤 가능한 선택, 특히 배타적 선택에 관련된 것일 뿐이다. 그러나 '가능한 것'이 실현에 앞서 존재하는 것이 아니라면, 사실상 가능한 것은 실재에서 출발해 실현해야 할 어떤 것이 아니라, 주어진 실재에 '대하여' 창조되어야 하는 어떤 것이라는 의미일 것이다. 가능한 것이 창조적 역량, 곧 잠재성의 역량과 교환되어야 하는 것은 바로 이러한 이유 때문이다. 이렇게 가능한 것이 잠재성의 역량과 교환될 때 비로소 '가능한 것을 창조하다'라는 말이 가능해진다.[67] 그러나 가능한 것을 창조하기 위해서는 앞서 말한 실재의 파생으로서의 '가능한 것을 소진'해야 한다. '가능한 것을 창조해야 한다'는 것은 곧 '가능한 것

---

66) François Zourabichvili, "Deleuze et le possible(de l'involontarisme en politique)," in Eric Alliez(dir.), *Gilles Deleuze: une vie philosophique*, Institut Synthélabo, 1998, pp. 335~58.

67) Gilles Deleuze & Félix Guattari, "Mai 68 n'a pas lieu," in *Les Nouvelles*, 3~9 mai 1984: "가능한 것은 앞서 존재하지 않는다. 그것은 사건에 의해 창조된다. 이것은 삶의 문제이다. 사건은 새로운 존재를 창조하고, 새로운 주체성(신체, 시간, 성, 환경, 문화, 노동……과의 새로운 관계)을 생산한다"(François Zourabichvili, "Deleuze et le possible," pp. 345~46에서 재인용).

을 소진했다'는 의미이며, 이 둘의 운동은 동전의 양면처럼 공존한다. 그리고 이때 창조되어야 할 '가능한 것'은 '잠재적인 것'과 다르지 않다. 이로써 우리는 '실현해야 할 계획, 의도의 현실적 가능성'의 개념과는 전혀 다른 '가능한 것'의 체제, 곧 잠재성의 체제로 이행할 수 있게 된다.

4. 이미지를 만들다

베케트는 1950년대에 『이미지』라는 문고판 십여 쪽 분량의 아주 짧은 단편을 쓴다. 내용을 요약하기가 쉽지 않은 이 단편은 어떤 파편적인 (사랑의) 기억들, 기억의 이미지들을 되새김질하는 '나'의 독백으로 이루어져 있다. 독백은 마지막 문장의 마침표를 제외하고는 시작부터 끝까지 구두점 하나 없이 긴 의식의 흐름처럼 이어진다. 『이미지』는 "만들어지다 나는 이미지를 만들었다"라는 문장으로 종결된다. 들뢰즈의 「소진된 인간」을 추동하는 핵심 개념인 '가능한 것'과 대구를 이루는 또 하나의 강력한 문제적 쟁점인 '이미지를 만들다'는 바로 이 마지막 문장에서 가져온 것이다. 『이미지』의 몇몇 주요한 문장들을 간략하게 이어보면 다음과 같다(베케트의 원문에 따라 구두점은 없다).

혀(언어)[68]는 진흙으로 덮여 있다 유일한 치유책 그러므로 입 속에 혀를 거둬들이고 돌리기 진흙을 삼키거나 뱉기 그것이 나의 양식이 될지를 아는 것이 문제 그리고 관점들 perspectives

---

68) 프랑스어 'langue'는 혀이자 말이며, 랑그로서의 언어이기도 하다.

[……] 이것은 내가 지닌 수단 중의 하나이다 [……] 진흙 속에서 열리고 닫힌 것이 열리고 닫힌다 이것은 내가 지닌 또 다른 수단 중의 하나이다 이 작은 동작이 내게 도움이 된다 왜 그런지는 모른다 [……] 그녀는 아주 멀리 있으면 안 되리라 기껏해야 1미터 정도의 거리 그러나 나는 그녀를 멀찌감치 느낀다 어느 날엔가 그녀는 혼자 떠나가리라 [……] 갑자기 저기 진흙 아래서 나는 나를 본다 나는 나를이라는 말을 마치 내가라고 말하듯이 마치 그가라고 말하듯이 말한다 [……] 지고의 행복 속에 감미로운 날씨 작은 조각구름들이 겹겹이 떠 있는 알 모양의 푸른 하늘 나는 등을 돌린다 그리고 내가 손을 잡고 있는 소녀 또한 등을 돌린다 [……] 끝났다 이루어졌다 불이 꺼졌다 무대는 텅 비고 짐승 몇 마리 그리고 불이 꺼지고 더 이상 푸른빛은 없다 [……] 그녀는 가버렸다 나는 내가 아직 미소 짓고 있음을 알고 있다 오래전부터 그럴 필요가 없었다 더 이상 그럴 필요가 없다 혀가 다시 나와 진흙 속으로 들어간다 나는 그렇게 머물러 있다 더 이상 목마르지 않다 혀가 들어가고 입이 다시 닫힌다 이제 혀는 직선을 그려야만 하리라 만들어지다 나는 이미지를 만들었다.[69]

---

69) Samuel Beckett, *L'image*, pp. 9~18.

『이미지』는 마치 누군가의 정신 속에서 현재형으로 기술되는 『잃어버린 시간을 찾아서』 혹은 『되찾은 시간』의 베케트식 축약판처럼 보이기도 한다.[70] 『스완네 집 쪽으로』(『잃어버린 시간을 찾아서』 제1권)를 여는 밤처럼 정체를 알 수 없는 어떤 '나'의 정신 속에 열리는 시야, 관점들. '나'의 의지와 무관하게 열린 관점 속에 불현듯 나타났다 사라지고 다시 나타나길 반복하는 파편적 기억들, 기억-이미지들. 기억들은 대체로 주목할 만한 사건들로 이루어진 것이 아니라 대수롭지 않은, 그러나 빛나는 감각적 기호들로 주어진다. 그리고 이 이미지들을 관조하는, 관점들의 유동적 중심과도 같은 '나'의 '시점 point de vue.' 거기에 덧붙여, 독백을 여는 강력한 신화적 '형상화' 재료 및 질료인 진흙과 혀(말, 언어).

마치 파편적인 클로즈업과 짧은 인서트숏 들로 이어지는 듯한 기억-이미지들의 연쇄 과정에는 일종의 반전이 있다. 관점의 수동적 중심인 '나'를 포함한 관점 전체가 객관화되고, 동시에 이 '심화된 응시'[71]를 또 다른 '나'의 시점이 이중화하며 사태를 진술한다("갑자기 저기 진흙 아래서 나는 나를 본다 나는 나를이라는 말을 마치 내가라고 말하듯이 마치 그가라고 말

---

70) 주지하다시피 베케트는 1931년에 프루스트에 대한 에세이 『프루스트 *Proust*』를 출간하기도 했다.

71) Gilles Deleuze, *Différence et répétition*, p. 132.

하듯이 말한다"). 관점 속의 일인칭 주어 '나'는 정확히 벤베니스트적 의미에서 '비인칭impersonnel' '그'로 이행하고, 동시에 이 전체를 거리를 두고 응시하는 또 하나의 '나'의 시점으로 이중화되는 것이다. 흥미롭게도, 만들어져가는(함축되는 혹은 감싸여지는) 이미지 속의 '나/그'와 이를 바라보는(함축하는 혹은 감싸는) '나'로 초점이 이중화되는 계기는 들뢰즈가 『차이와 반복』에서 기술한, 개체화의 강도적 장에서 일어나는 시간의 두번째 종합 과정, 즉 순수 과거의 시간적 정립 과정[72]과, 강도의 안-주름운동im-pli-cation[73]을 예시적으로 보여주는 듯하다. 어쨌든 "기억 자체의 광학적 효과"[74]와 함께 이루어진 '나'의 시점의 이중화는 개인적 기억-이미지가 비인칭적 이미지의 시간 혹은 들뢰즈가 『프루스트와 기호들』에서 탁월하게 지목한 "예술의 시간"[75]으로 변환되는 결정적 계기를 이루는 듯하다. 이 계기의 중요성은 또한 『이미지』의 마지

---

72) 개체화의 수동적 종합 과정에서 잠재적 대상들의 계열화와 순수 과거의 시간적 정립 과정은 현실적 대상과의 '이중적 계열화' '이중적 초점'의 발생 과정을 동시에 수반한다(같은 책, pp. 131~33).

73) 강도에서 차이는 함축하기도 하고 함축되기도 한다. 강도의 안주름운동이란 감쌈의 '능동'과 감싸여짐의 '수동'적 활동을 즉자적으로 수행하면서 자기 자신 안에 차이의 형식을 끊임없이 보존하는 감성적 종합 운동을 말한다(같은 책, pp. 305~307, 324~27).

74) 같은 책, p. 119.

75) Gilles Deleuze, *Proust et les signes*, P.U.F., 1964.

막 말인 "만들어지다 나는 이미지를 만들었다"로 이어지는 또다른 시간의 종합 과정을 견인하고 있기 때문이다.[76]

'지고의 행복' 속에서 이윽고 '나'의 정신 속 '시야'는 닫히고, '나'는 더 이상 나의 것이었던 기억들로 고통받지 않음을 알게 된다("그녀는 가버렸다 나는 내가 아직 미소 짓고 있음을 알고 있다"). 무언가가 지나갔고 결정적으로 완료됐다("더 이상 그럴 필요가 없다"). 『이미지』의 마지막 문장은 이 모든 과정을 최종적으로 요약하듯, 어떤 사태의 자기 완료 즉 '이루어짐' '종료됨'을 의미하는 수동형 현재 시제 "만들어지다"와, 이와 대구를 이루며 사태의 효과를 종합하는 능동형 과거 시제 "나는 이미지를 만들었다"로 종결된다.

이루어진 것, 완수된 것은 물론 "나는 이미지를 만들었다"는 것이다. 즉 '이미지를 만들다'라는 오직 '부정법l'infinitif'으로만 기술될 수 있을 '순수 사건'[77]이 '나'의 개체화의 효과와 함께 발생했다. 그런데 이 능동형 과거 시제(프랑스어의 현재

---

76) "'잠깐 동안의 순수 상태'라는 프루스트의 표현은 먼저 순수 과거, 과거의 즉자적 존재, 즉 에로스에 의한 시간의 종합을 가리킨다. 그러나 이 표현은 좀더 심층적으로는 시간의 순수하고 텅 빈 형식, 궁극적 종합, 즉 시간 안에서 회귀의 영원성에 이르는 죽음 본능의 종합을 가리킨다"(Gilles Deleuze, *Différence et répétition*, p. 160, n. 1).

77) 순수 사건이란 개체와 인칭으로 효과화되기 이전에 오직 부정법으로만 존재하는 것, 그러나 특정한 물질과의 계열화를 통해 구현되고 효과화되는 것이다.

완료형인 복합 과거 형태로 기술된)는 의미상 정반대의 시간의 방향으로 분열하면서 앞서 주목한 순수 과거의 정립과는 또 다른 형태의 시간의 종합(이접적 종합)을 이끌어내고 있다. 먼저 '이미지를 만들다'라는 순수 사건은 이 복합 과거형 문장에 의미상 부정법으로 현재하면서 사건 '이전'의 시간을 결정적으로une fois pour toutes 과거의 시간으로 정립한다. 하지만 그와 동시에 '만들었다'라는 완료형에는 순수 사건의 발생과 함께 도래할 그 '이후'의 시간, 즉 미래의 시간이 역설적으로 함축되어 있다. '이후'의 시간은 '도래할à venir' 시간이므로 절대적으로 다르고 새로운 시간이다. 그러나 이 미래의 시간은 마치 '언제나 이미 지나간 것이자 영원히 아직 오지 않은' 생성의 순간처럼『이미지』의 마지막 문장 속에서 '이전'의 시간과 함께 '현재'한다. 즉 이미지의 '순수 사건'과 함께 "일체의 시간 전체가 회집"[78]된 것이다. 이미지의 순수 사건은 사건 '이전'과 '이후'를 분배함과 동시에 포섭하면서, 들뢰즈가 '서수적' 시간[79]이라 부른 "시간의 순수한 순서"를 만들어 냈다. 이것이 이미지의 발생이라는 순수 사건과 함께 이루어진 시간의 새로운 형식, 세번째 종합이다.

---

78) 같은 책, p. 120.
79) 같은 곳.

이미지는 마치 "신체를 통과해가는 탈주의 선들 위에 자리하지"만 "자신의 견고함을 다른 곳에서 발견"하는 음악처럼,[80] 스스로의 강도적 생성을 완료하고 사라지는 시간의 형식, 순수 감응의 형식이다. 베케트의 텔레비전 단편극들은 바로 이러한 이미지의 사건, 순수 감응의 시간적 형식을 소진된 신체가 그리는 순수한 "시각적 시"[81]로 형상화하여 보여준다. 「쿼드」 「유령 삼중주」 「한갓 구름만……」 「밤과 꿈」 등 텔레비전 단편극들[82]은 베케트의 이른바 비언어 프로젝트, 비주얼 프로젝트에 속하는 작품들이다. 이 작품들은 평론, 소설, 연극, 시, 라디오 극본, 영화 등으로 다양하게 분화된 베케트의 작품 계열에서 마지막 분기이자 실험인 양 작가의 생애 마지막 10여 년 동안 집중적으로 제작됐다.[83] 그런데 이

---

80) Gilles Deleuze, *Francis Bacon: logique de la sensation*, p. 55.

81) Gilles Deleuze, "L'épuisé," p. 99.

82) 무대에 올려진 베케트의 많은 극작품들은 영상으로 녹화되어 남아 있다. 이처럼 기록을 위해 만들어진 영상물들과는 달리, 베케트가 「영화」(1964) 이후 다시 순수하게 카메라의 시선을 염두에 두고 만든 작품은 『쿼드』에 실린 네 편을 포함하여 「이봐, 조」 「무엇을 어디서Quoi où」 등 총 여섯 편이다. 이 작품들은 모두 독일과 영국의 텔레비전을 통해 방영되었다.

83) 베케트가 본격적으로 텔레비전을 매체로 작업하기 시작한 첫번째 작품은 「이봐, 조」이다. 들뢰즈는 「이봐, 조」가 이후 작품들의 형식적 특성을 예고하고 있기는 하지만, 아직 도입부적 성격만을 지니고 있을 뿐이라고 강조한다. 이러한 이유로 「이봐, 조」는 『쿼드』 선집에서 제외된다. 「이봐, 조」를 제외한 베케트의 텔레비전 단편극들은 모두 독일 SDR의 제작 지원을 받아 만들어졌다. 동

네 편의 놀라운 실험적 단편들은 이미지의 역량에 대한 빼어난 문제제기 능력과 형식적 독창성을 보여주고는 있지만, 그렇다고 영화 형식의 역사에서 온전히 예외적이거나 독보적이지는 않다. 게다가 들뢰즈는 베케트의 단편들이 텔레비전이라는 매체의 '특이성' 때문에 가능했다고 말하고 있는데, 이를 해명하는 내용들은 실제로 그리 변별력이 있지 않다. 들뢰즈는, 이미지와 말의 각기-자율성héautonomie,[84] 카메라의 독자적 움직임과 강렬한 화면 내 현전성, 인물들의 극단적 비인칭화와 자동기계화, 특수효과의 거부 등을 강조하고 있지만, 이것들이 과연 단지 텔레비전 장치 때문에 가능하게 된 것인지는 의문의 여지가 있다. 더구나 「한갓 구름만……」과 「밤과

일하게 SDR의 지원을 받아 만든 작품 중 「무엇을 어디서」(독일 제목은 Was wo)라는 매우 아름다운 작품──형식과 주제에서 「밤과 꿈」에 비견될 만한──도 『쿼드』 선집에서 빠져 있다. 『쿼드』 선집에 실린 네 작품들이 순수하게 텔레비전 극을 위한 시나리오에서 출발했다면, 「무엇을 어디서」는 연극무대에서 상연되었던 작품을 다시 '작은 스크린'으로 옮긴 것이다. 인물들이 실제로 등장했던 무대 상연과는 달리, 텔레비전 작품에서는 인물의 클로즈업 이미지가 텅 빈 공간에 이중인화의 형태로 삽입된다. 그러나 이 작품에 대한 언급은 「소진된 인간」 어디에도 없다. 아마도 『쿼드』 선집에 실린 네 작품과 달리, 인물들이 각기 밤, 벰, 빔, 봄이라는 모음의 변주로 이루어진 구체적 이름을 지니고 있고, 이들의 개별적 목소리가 이미지와 함께 현전한다는 점에서, 인물의 개인적 특성들이 극도로 소거되고 무화된 다른 네 작품과 형식적으로 상이한 계열을 이룬다고 생각했을 수 있다. 베케트는 이 작품을 '회상극Memory Play'이라 부르기도 한다.
84) 들뢰즈는 『시네마 2: 시간-이미지』 제9장에서 이미지와 말의 각기-자율성의 문제를 심도 있게 다루고 있다.

꿈」은 '이중인화'라는 일종의 특수효과로 '구성'된 작품들이다. 들뢰즈가 「소진된 인간」에서 언급하고 있는 영화 감독들, 즉 브레송, 고다르, 스트로브/위예, 뒤라스 등은 이미 유사한 실험들을 영화를 통해 시도했었고, 특히 고다르는 직접 텔레비전을 매체로 활용하여 어느 실험영화 감독들보다 근본적이고 급진적인 실천들을 감행했다. 그러나 고다르의 텔레비전 작품들을 영화와 달리 범주화하여 '텔레비전물'로 분류하는 사람은 없다. 그냥 영화 '에세이'들이다. 고다르에게는 이거나 저거나 다 동일한 영화적 실천이기 때문이다.

그렇다면 왜 군이 '텔레비전' 단편극이라는 말을 『쿼드』 표제에 첨언하면서까지 텔레비전 매체의 특징을 강조하려 했을까. 아마도 이것은 베케트 극을 구성하는 시공간적 특질을 쟁점화하기 위한 이중의 '부정否定'적 포석일 수 있다. 먼저, 텔레비전 단편극들에 연극의 '무대'와 유사한 공간이 세팅되어 있다 해도 그것은 연극의 공간, 연극의 신체들이 점유하는 공간locus과 다르다는 것이다. 둘째, 텔레비전과 영화의 복잡하고 오래된 혼종과 혼동의 역사에도 불구하고, 베케트 극이 형상화하는 시공간적 블록들은 영화의 그것과 다르다는 것이다.

베케트의 텔레비전 단편극의 공간이 연극무대와 전혀 다른 '성질'을 지니고 있음은 단편극 중 가장 단순한 무대 세팅과 퍼포먼스를 보여주는, 『쿼드』 선집의 표제작 「쿼드」의 공간적 특질을 분석해보는 것만으로도 충분하다. 제목에 이미 암시되어 있듯, 「쿼드」에는 사각형의 무대, '쿼드'가 있고 여기서 인물들의 움직임이 일어난다. 그러나 「쿼드」의 '공간'은 사실상 보이는 곳, 즉 조명이 주어지고 인물의 움직임이 일어나는 사각형 무대인 쿼드만이 아니다. 우리는 먼저 빛이 주어진 무대인 쿼드를 주시하게 되지만, 실제로 카메라의 프레임에 포획되어 있는 공간은 이를 넘어선다. 화면에서 쿼드는 사실 약간 사선으로 비껴 내려다보는 부감의 카메라 위치 때문에 안쪽으로 살짝 원근감이 주어진 사다리꼴 모양을 하고 있다. 이 희미한 원근법적 사선 효과로 화면 내 공간은 삼차원적 지각성을 확보하고 있는 것처럼 보인다. 그러나 이 삼차원적 공간의 연장 효과는 쿼드 둘레를 감싸고 있는 어둠에 의해 돌연 단절되고 만다. 즉 「쿼드」에는 빛이 주어진 쿼드 모양의 영역과 이 쿼드를 화면 안쪽으로 고립시키는 둘레의 어둠이라는 상이한 차원의 두 영역이 공존하고 있다.

인물들의 움직임이 시작되면 두 영역이 실질적으로 어떻게 다른 '아비투스habitus'로 현실화되는지 좀더 명확해진다. 들뢰즈는 무엇보다 인물들이 쿼드를 횡단하며 반복하는 특이한 신체 움직임에 주목한다. 이들은 대각선으로 쿼드를 횡단할 때 마치 돌발적인, 그러므로 제어할 수 없는 '틱' 증상이 신체에서 일어나기라도 하듯 쿼드의 중심 부근에서 돌연 몸을 틀어 맞은편으로 이동한다. 이러한 몸짓은 물론 중심에서 서로 몸이 부딪힐 가능성을 피하기 위한 것이다. 하지만 반드시 그렇지도 않다. 왜냐하면 홀로 쿼드를 횡단할 때도 이들은 마치 움직임의 리듬이 각인된 혹은 입력된 자동기계처럼 똑같이 몸을 틀어 중심을 비껴가기 때문이다. 인물들의 반복된 움직임과 특이한 리듬으로 인해 쿼드 내부에는 점진적으로 바람개비 모양의 운동의 궤적, 강도적 흐름이 형성된다. 그와 동시에 쿼드의 중심, 즉 모두가 몸을 피하는 '위험 지대'이자 불가촉 지대에 폭풍의 눈과도 같은 하나의 잠재적 공간이 구축된다. 이 공간은 실제로 눈에 보이지는 않지만, 이를 구축해 가고 있는 강도적 힘들은 신체의 반복된 운동, 돌발 흔적들과 함께 거의 촉각적으로 감지된다. 아니 오히려 신체의 움직임과 리듬을 통해 '힘이 그려지고' 중심 부근의 포텐셜이 상승하면서 중심에 또 하나의 작은 쿼드가 잠재적으로 형상화되고 있다고 해야 할 것이다.

그러나 화면에서 일어나고 있는 것은 단지 이것만이 아니다. 인물들은 쿼드 밖 어둠 속에서 나타나 주어진 자신의 동선을 완료한 후 다시 어둠 속으로 사라진다. 그리고 다시 나타난다. 「쿼드 I」에서 인물들은 각기 다른 색깔의 의상을 걸치고 있어 그나마 서로 구분된다. 하지만 「쿼드 II」에는 크기도 비슷하고 복장도 동일한 신체 넷이 있을 뿐이다. 얼굴이 보이지 않으므로, 이 인물들을 식별할 길은 달리 없다. 이들은 진정한 '아무개'들로서 공간을 점유했다 사라진다. 그러므로 인물들이 어둠 속에서 나타났다 사라지고 다시 나타나기를 반복할 때 이들이 매번 동일한 자들인지, 아니면 다른 자들인지, 혹여나 어둠 속에서 서로 동선을 교환하지는 않는지 확인할 길은 전무하다. 같은 것이 되돌아오고 있는가, 아니면 끊임없이 다른 것이 되돌아오고 있는가. 단지 움직임이 반복될수록 이들은 서서히 소진되어가므로, 아마도 '어떤' 시간의 기점부터 그렇게 반복적으로 움직여왔으리라 추측해볼 수 있을 뿐이다.

쿼드를 둘러싼 어둠은 여기서 영원회귀와도 같은 신체들의 반복된 운동을 발생시키는 토대이자 근거처럼 보인다. 주어진 동선을 완수한 인물들이 사라졌다 다시 나타나는(돌아오는) 쿼드 주변의 어둠이 없다면, 다시 말해 정체를 알 수 없는 이 카오스의 잠재적이고 즉자적인 존재성이 없다면, 중심 부근의 잠재성의 포화saturation는 일어날 수 없을 것이다. 어둠이 없다면 신체는 움직임을 시작할 수 없을 것이며, 또 끝낼 수도 없을 것이다. 마땅히 반복할 수도 없을 것이다. 강도적 형상이 이루어지는 중심의 잠재적 공간과 모든 것이 무로 돌아가는 쿼드의 경계 밖 순수 잠재성의 공간, 곧 어둠은 화면 내에서 서로 팽팽히 비대칭적인 힘으로 길항하며 공존하고 있다. 카메라의 프레임은 이 서로 길항하는 힘들이 공존하는 카오스모스를 한데 포획하고 있다고 말할 수 있을 정도이다.

무슨 일이 일어났는가. 쿼드 너머의 어둠은 연극에서라면 무대 '뒤,' 즉 재현 공간의 바깥으로 간주되었을 것이다. 그러나 이 어둠은 카메라의 프레임에 포획되어 화면 내에 틈입되자마자 마치 '실재의 틈입'처럼 영화적 공간에 파열을 낸다. 이것은 영화에서 화면 밖 영역인 외화면이 지녔던 역량이 느닷없이 화면 내에, 즉 내화면에 제기된 것과도 같다. 외화면이 프레임 안쪽으로 침입해 들어왔다고도 할 수 있고, 프레임이 외화면을 포괄했다고도 할 수 있다. 어쨌든 「쿼드」에서는 인물들이 쿼드 밖으로 사라지는 것과 어둠 속으로 사라지는 것과 외화면으로 사라지는 것이 전혀 구분되지도 식별되지도 않는다. 여기서 외화면은 '무대' 외부가 아닌, '무대'와 불연속적으로 공존하고 있는 어둠의 '연장'처럼 존재한다. 외화면 영역이 화면 내의 어둠을 연장함과 동시에 그에 포섭되어 프레임 안에 현전하고 있기 때문이다. 그러므로 쿼드는 화면의 프레임 내에서 자신의 '절대적' 바깥이자 인접한 이웃이기도 한 어둠에 의해 다시 '재프레임화'되어 있다고 말할 수 있을 것이다.

이것은 전혀 연극의 '문제'가 아니다. 영화에서 외화면은 영화의 '외부'가 아닌, 내화면만큼 중요하고 내화면만큼 '실재'하는 공간 영역이다. 영화 이미지는 외화면에 '실재'한다. 비록 그 존재성이 잠재적이라 할지라도 말이다. 영화 이미지의 시원에 에디슨T. Edison이 만든 블랙 마리아의 동영상이 아닌 뤼미에르Lumière의 정경들, 즉 '뷰view, vue'들이 자리하고 있는 것은 외화면의 존재 덕분이기도 하다. 역으로 에디슨이 발명한 영사기 키네토스코프가 영화가 아닌 텔레비전의 전신으로 간주되는 이유 중 하나도 그것이 외화면이 부재한 이미지를 만들어냈을 뿐이기 때문이다. 1970년대의 급진적인 영화비평가들의 말을 빌리자면, 텔레비전에는 외화면이 없다. 다시 말해 외화면의 역량이 부재한다. 반면 그 성질이 '상대적'이든 '절대적'이든 외화면이 없는 영화 이미지는 없다. 외화면은 이미지의 잠재태의 현실화로 이루어지는 영화 이미지들의 연쇄 과정에서 근본적인 바탕fond의 구실을 하기 때문이다. 그러므로 「쿼드」의 공간이 시각적으로 외화면의 역량을 포함하고 있다는 것은, 이미지의 잠재태가 현실화되는 영화의 강도적 운동과 이미지의 시각적 사건이 화면 내에서 동시에 이루어지고 있음을 의미한다.

이 모든 문제적 상황의 '문제'는 바로 카메라-눈의 시각적 형태화라 할 '프레임'에 있다. 사실상 '쿼드'라는 말은 '프레임'을 의미하는 프랑스어 '카드르cadre'를 직접적으로 연상시킨다. 주지하다시피 '카드르'의 라틴어 어원은 '쿠아드quad'

와 어근을 공유하는 '쿠아드루스quadrus'이기도 하다. 「쿼드」 에서 카메라는 둘레의 어둠으로 재프레임화된 사각형의 무대 쿼드를 프레임화하며, 쿼드는 다시 자신의 내부에서 서서히 생성되고 있는 잠재적 쿼드를 재프레임화하고 있다. 카메라 는 화면을 프레임화하면서 동시에 이질적 차원으로 중층화된 공간들을 재프레임화하고 있는 것이다. 들뢰즈가 베케트의 극화에서 카메라의 독특한 역할을 그토록 강조하고 있는 것 도 이와 무관하지 않다.

카메라의 이 같은 재프레임화 방식은 베케트의 다른 텔레 비전 단편극들에서도 각기 다른 방식으로 반복된다. 「유령 삼중주」에서 카메라가 행하는 탈현실화, 파편화는 우리가 바 라보는 가시적 공간 너머에 아무것도 없음을, 즉 무 혹은 공 허만이 '여기'를 재프레임화하고 있음을 하나하나 확인시킨 다. 디졸브와 이중인화를 이용하여 이미지 위에 또 다른 이미 지, 곧 '이미지가 만들어지는' 또 다른 시공간을 재프레임화 하는 「한갓 구름만……」과 「밤과 꿈」은 더 말할 나위도 없다.

베케트의 텔레비전 단편극의 이미지들은 이러한 재프레임 화 방식 때문에 실질적으로 외화면을 필요로 하지 않는다. 그 것은 이 이미지들에 외화면이 부재한다는 말이 아니라, 외화 면의 잠재적 역량이 화면 내에, 프레임 안에 공존하고 있다는 말이다. 바로 이러한 이유에서 베케트의 이미지들은 영화 이미지와도 다르고, 텔레비전 이미지와도 성질을 달리한다.

주지하다시피 영화에서 이미지의 운동은 일반적으로 아직 현실화되지 않은 순수 잠재 상태의 이미지(즉자적 이미지image en soi)에서 몇 가지(대체적으로는 단일한) 잠재성을 취해—나머지는 다시 잠재적 상태로 외화면에 남겨두고—이를 이미지 표면에 현실화함으로써 실현된다. 현실화한 이미지(숏)에서 다시 '가능한' 어떤 것이 선택되고—동시에 나머지는 다시 잠재적 상태로 남겨지고—, 다음 이미지가 현실화하며 연쇄된다.[85] 이것이 바로 들뢰즈가『시네마 1: 운동-이미지』에서 말한, 일반적인 감각-운동적 도식에 의해 만들어지는 이미지들의 연쇄 과정이다. 이미지의 최초의 잠재적 역량은 점점 '감소, 희박화raréfaction'되며, 실현되는 이미지는 항상 앞선 이미지에서 그 역량이 '감산된' 이미지이다.

그러나 베케트의 단편극들은 최초의 잠재성을 하나의 가능태의 형태로 축소시키면서 점점 명료한 현실적 이미지로 실현, 구축해가는 과정을 따르지 않는다. 반대로 이미지 안에 잠재되어 있는 역량들(강도의 차이들)을 차츰 활성화함으로써 이미지가 그 힘들로 충만해지고 포화되도록 한다. 신체들

---

85) Livio Belloi, "Poétique du hors-champ," in *Revue belge du cinéma*, n° 31, 1992, pp. 43~44.

은 소진되어가지만, 반대로 이미지의 역량은 폭발 직전까지 상승한다. 이 과정에서 카메라는 매우 결정적인 역할을 담당한다. 앞서 「쿼드」의 예에서 보았듯이 카메라는 통상 화면 밖 혹은 프레임 밖에 존재하는 외화면(상대적 외화면, 절대적 외화면)의 여건들을 화면 내로 포괄하고 포함하여 내화면 영역을 이 이질적 차원으로 재프레임화한다. 이것은 일반적인 재프레임화 방식, 즉 동질적으로 연장된 공간의 층위들을 단계적으로 화면 내에 배치하는 것이 아니라 서로 다른 포텐셜을 지닌 이질적 공간들을 서로 함축하고 감싸는 방식이다. 그러므로 베케트의 텔레비전 단편극에서 '무대'는 연극적 공간과의 연속성을 상기시키기 위한 배치라기보다, 오히려 무대 너머의 외화면 영역, 잠재적 영역이 자신의 차이적 힘을 온존하면서 내화면 영역과 실질적으로 공존할 수 있도록 하기 위해서다. 그렇기 때문에 베케트의 텔레비전 단편극들에서 화면의 잠재성은 화면 '밖'이 아닌 프레임 내에 존재하며, 시간의 형식을 띠고 화면 내에서 서서히 활성화된다. 즉 베케트의 프레임은 사실은 공간의 프레임이 아닌 '시간의 프레임cadre temporel'인 것이다.

베케트의 텔레비전 단편극들의 형식적 특질들은 사실상 1960~70년대 영화 이미지의 역량에 대한 새로운 문제제기와 함께 일단의 실천적 영화 작가들이 다각적으로 실험했던 것들이기도 하다. '시간의 프레임'은 이 시기에 재발견된, 영화에 본래 있던 역량 중 하나이다. 그런데 한편으로 연구자들은 베케트가 텔레비전을 극화의 매체로 삼은 이유에 대해, 이 '작은 스크린'이 영화에서 가져온 클로즈업의 역량을 지적하기도 한다. 하지만 영화 형식의 역사에서 텔레비전은 사실상 극적 정서와 의미를 총체적으로 집약해 전달하는 가장 강력한 이미지 형태였던 클로즈업을 급속히 범용화한 주된 매체이기도 하다. 베케트의 초기 텔레비전 단편극인 「이봐, 조」의 마지막 장면이나 「유령 삼중주」의 거울/얼굴에 대해 영화에서 클로즈업이 함축했던 괴물성, 정서적 효과, 의미론적 종합 기능을 논하는 것은 가능하다. 그러나 이 장면들의 괴물성 및 정서적 효과는 단순히 클로즈업의 크기와 근접성(곧 촉각성) 때문만은 아니다. 베케트의 텔레비전 단편극 전체에서 실제로 클로즈업은 그리 많지 않다. 오히려 미니멀한 공간 전체를 '오랫동안' 주시하며 '일어나는 것,' 변화하는 것 전체를 주의 깊게 관조하는 이른바 풀숏 크기의 고정숏plan fixe들이 주를 이룬다.

무엇보다 텔레비전은 클로즈업 역량이 극적으로 잠재되어 있는 영화적 몽타주의 연쇄 법칙들이 현실적으로 기능하지 않는 매체이다. 텔레비전 이미지에는 잠재태의 현실화로 이루어지는 영화 이미지들의 연쇄 운동에서 근본적인 바탕의 구실을 하는 '외화면'이 실재적으로든 관념적으로든 부재하기 때문이다. 이 말은, 베케트의 이미지처럼 텔레비전 이미지 또한 외화면이 불필요한 공간을 구성한다는 의미가 아니다. 앞서 말했듯이, 베케트의 이미지는 외화면의 역량이 프레임 내부에 공존하도록 함과 동시에, 프레임 바깥이 이미지의 진정한 외부, 곧 연장된 지각 공간이 아닌, 고대 원자론자들이 말한 것과 같은 텅 빈 허공 혹은 무한 공간vacuum으로 존재하도록 한다. 반면 텔레비전에 외화면이 없다는 말은 텔레비전 이미지에 외화면의 역량이 실질적으로 부재하다는 의미이다. 그러므로 영화에서 외화면과 매우 독특하고 예외적인 관계를 설정해온 클로즈업의 역량이 텔레비전에서 동일하게 작동하지 않는 것은 당연하다.

그럼에도 불구하고 비디오 아트를 포함하여 1970~80년대 텔레비전을 매체로 한 실험들에는 영화적 클로즈업 역량을 시간적으로 재전유, 재현실화하려 한 노력과 작업이 뚜렷이 존재한다. 시간이야말로 영화 이미지에 본질적인 '형태화의 질료matière formante'임을 인식하고, 이미지 안 혹은 사이에서 실제로 발생하는 시간의 형상화 작업들을 포착하려는 시도들이 그것이다. 프레임은 현실의 일부를 자르고 포획하여 재현 공간으로 구획하는 틀이나, 재현 공간을 현실 공간으로부터 가르는 경계 획정의 장치만이 아닌, 실재하는 잠재적 힘들이 서서히 형상의 강도를 취하여 현실화되는 장, 곧 '시간의 프레임'이기도 하다. 이 시기 고정숏과 같은 원시적 형태의 숏이 어떻게 이러한 역량을 역설적으로 구현했는지를 보는 것은 흥미롭다. 카메라는 움직임을 멈추고 화면 내에서 '일어나는' 사건에 대한 강렬한 공감과 더불어 시간을 압인하고(시간의 프레임), 몽타주는 이미지들의 연쇄를 통해서가 아닌 이미지 안 혹은 사이에서 발생하는 형상의 시간적 사건들로 구축된다(시간의 몽타주). 베케트의 텔레비전 단편극들은 이미지의 시간성 및 시간의 형상화 역량에 대한 이 같은 인식, 실험들의 성과와 무관하지 않다.

사실 1960년대 비디오 아트의 선두 주자들은 음극 '선'의 '무한' 송출 가능성이라는 텔레비전 장치의 물리적 여건에서 출발하여 '선線'과 '시간'을 텔레비전 이미지의 본질적인 두 요소로 제기하기도 했다.[86] 그런데 굳이 매클루언M. McLuhan을 언급하지 않더라도 말 그대로 '쿨'한 텔레비전 시청자들에게 선과 시간을 쟁점화한 시각적 경험만큼 이질적이고 곤혹스런 것은 없을 것이다. 이 타임 킬링용 매체 앞에서 시간을 느끼고 그것에 촉각적으로 감응하면서 사물의 윤곽 '선'이 서서히

---

86) Jean-Paul Fargier, "Entretien avec Nam June Paik," in *Cahiers du cinéma*, n° 299, avril 1979, p. 10.

형상의 사건을 이뤄가는 느린 생성의 작업을 시각적 성취감과 더불어 따라갈 수 있는 자가 몇이나 되겠는가.

(비디오를 포함하여) 텔레비전 시청자들은 무한 송출되는 이미지의 흐름에 무기력하게 몸을 맡기거나, 아니면 세르주 다네S. Daney의 지적처럼, '재핑zapping'하는 자들이다.[87] (채널을) 돌리고 건너뛰고 빨리 감고 멈추고 반복하고…… 웹서핑 이전에 '재핑'이 있었고 '호모 자펜스homo zappens'가 있었다…… 이들에게 시간을 '지각'하는 것만큼, 그리고 시간을 "들여" 이미지를 바라보는 것만큼, 즉 "내가 이미지를 바라보는 것만큼 이미지 또한 나를 바라보고 있음"[88]을 체험하는 것만큼 끔찍한 일은 없다. 텔레비전을 매체로 실행된 일련의 시간적 실험들이 영화보다 더 괴물스럽고 실험적이며 무엇보다 '교육적pédagogique'[89]일 수 있었던 것은 이 때문이다. '보는 것을 배워야 한다apprendre à voir'는 근본적 문제제기와 함께 다양한 '이미지 교육법'이 영화와 텔레비전을 통해 만들어졌고 실험되었다. 이미지에 내재한 시간의 잠재적, 발생적, '야

---

87) Serge Daney, "Le zappeur est dans la télé," in *Libération*, 17 sept. 1987 ; *Le salaire du zappeur*, P.O.L., 1988.

88) Georges Didi-Huberman, *Ce que nous voyons, ce qui nous regarde*, Minuit, 1992.

89) Serge Daney, "Le thérrorisé(pédagogie godardienne)," in *Cahiers du cinéma*, n° 262/263, jan. 1976, pp. 32~39.

생적'인 차원들에 대한 인식은 이런 맥락 속에서 실천적 힘을 갖게 된 것이다. 이러한 반성적, 실천적 흐름은 베케트가 왜 자신이 실험한 텔레비전의 장치, 카메라의 시선을 '야생의 눈'이라 부르고자 했는지를 해명하는 것이기도 하다.

『쿼드』에 실린 네 편의 단편극들을 모두 촬영했던 짐 루이스J. Lewis는 베케트의 텔레비전 작업에 내재된 문제의식을 다음과 같이 설명한다.

베케트는 텔레비전을 두고 "야생의 눈(무자비한 눈)"이라고 말한다. 야수의 눈, 일종의 관음자, 이것이 거의 모든 것을 얘기한다고 할 수 있다. 항상 카메라의 단일 시점이 있고, 카메라는 대부분 고정된 채 단일 시점으로 시작부터 끝까지 관찰한다. 즉 우리는 프레임, 사각형 안에서 일어나는 것을 바라보지만 카메라는 동참하지 않는다. 카메라는 마치 우리가 외부에서 바라보듯 단순히 사물들을 관찰하기 위해 바깥에 머문다. 〔……〕 연속적인 하나의 숏이 이루어질 때까지 〔……〕 카메라는 멈춰 있다. 커팅도 없다. 거의 30분을 지속할 수도 있다. 동일한 인물을 향한 연속된 숏. 바로 이것이 야생의 눈이다. 〔……〕 영화에서 촬영시간은 한정되어 있다. 카메라는 재충전이 필요하다. 그러나 텔레비전은 원하는 만큼 촬영할 수 있다. 베케트는 바로 이 연속성을 활용했다. 시점의 변화 없이,

근접한 숏도 없이, 커팅도 없이, 어떤 변화도 없이, 연속으로 촬영하는 카메라 말이다.[90)]

짐 루이스는 베케트의 '야생의 눈'이라는 표현이 함축한 의미를 카메라의 연속성과 관찰자로서의 카메라의 위치를 통해 강조했다. 그러나 베케트의 텔레비전 단편극들이 (기술적 의미에서) 모두 이 같은 촬영의 연속성, 중립성으로 만들어지지는 않았다. 숏과 장면의 분절(수학적이리만큼 정확하게 계산된)도 있고, 드물기는 하지만 커팅도 있으며, 디졸브와 이중인화 같은 편집기법들도 사용된다. 카메라는 물론 화면에서 가시적으로 드러나지 않지만 짐 루이스의 말처럼 "우리가 외부에서 바라보듯 단순히 사물들을 관찰하기 위해 바깥에 머" 물러 있다고는 말할 수 없다. 앞서 말했듯이 카메라는 이미지의 구성, 특히 시공간의 구성에 능동적으로 참여하고 있기 때문이다. 카메라는 화면 내에서 당연히 가시적이지 않지만, 카메라의 존재감은 거의 촉각적이라 할 만큼 뚜렷하다. 들뢰즈는 카메라가 등장인물들의 움직임과 다른, 자율적이고 이질적인 움직임을 지닌 인물처럼 기능하고 있다고 역설하기도 한다. 실제로 피사체인 인물 O의 움직임에 전적으로 의존한

---

90) Jim Lewis, "Beckett et la caméra," in *Revue d'esthétique*, pp. 371~73.

「영화」에서의 카메라의 움직임과 비교하면, 텔레비전 단편극에서 카메라의 독립성과 독자적 존재감은 매우 두드러진다. 뿐만 아니라 카메라는 이미지가 발생하는 물질적, 혹은 전-물질적인 강도적 흐름을 포획하기 위해 공간을 정교하게 재프레임화하면서, 프레임을 강력한 '시간의 프레임'으로 만들어내고 있다. '야생의 눈'은 바로 이 같은 이미지의 본원적인 강도적 생성의 흐름을 포착하는 카메라의 역량을 가리키는 것이리라.

그런데 이러한 카메라의 역량은 또한 영화에 '이미 있던' 잠재성의 현실화이기도 하다. 물론 '시간의 프레임'이라는 말은 롱테이크나 플랑-세캉스plan-séquence처럼 시간의 형상적 사건을 포획하고자 하는 영화 형식들과 무관하지 않다. 하지만 이미지를 무, 공허 위에 위치시키고, 바로 이로부터 이미지의 발생적 역량을 끌어오는 방식은 또 다른 먼 영화적 연원을 갖는다. 지가 베르토프는 1920년대에 영화 카메라, 곧 '키노-아이kino-eye'가 어떻게 '시간의 내거티브' [91]라는 구성적 역할을 수행하는지를 주목한 바 있다. 영화는 숏들로 '구축'되기도 하지만, 텅 빈 공허 위에서 오직 '사이'의 힘만으로 구축될

---

91) Dziga Vertov, "Naissance du ciné-œil" (1924), in *Articles, journaux, projets*, U.G.E., 1972, p. 61.

수도 있다는 것을 독보적으로 인식했던 지가 베르토프는 이미지가 아닌 이미지들의 '사이'로 이루어지는 영화를 꿈꿨다. 이 '사이'가 바로 지가 베르토프가 '네번째 차원'[92]이라 부른 '시간'이다. 카메라, 곧 키노-아이의 역할은 매번 다른 운동의 '이행들'로 각기 다르게 구축될 시간의 형식들을 만들어내는 잠재적 이미지들을 포획하는 것이다. 현실적 상象이 아닌 이미지의 잠재적 '에너지'[93]를 프레임화해야 한다는 지가 베르토프의 관점은 영화에 대한 '개념적' 사유의 역사에서 거의 유례가 없을 만큼 독보적이다. 이러한 사유가 지가 베르토프의 영화적 실천 속에서 오롯이 현실화되지는 못했지만, 1960~70년대 이후의 영화적 실험들에서 새롭게, 다른 방식으로 실천되었다. 베케트의 '시간의 프레임'은 그 먼 효과 중 하나이다.

베케트의 텔레비전 단편극에서 카메라는 '무언가 일어날 것,' 즉 이미지의 발생이라는 순수 사건의 '바탕'이 되는 조직화의 형식, 시간의 눈 먼 형식처럼 기능한다. 인물들, 신체들이 이 시간의 프레임 속에서 시간이 지나가도록 하거나, 시간으로 소진되거나 간에, 극 자체는 소진의 운동으로 생성되는

---

92) Dziga Vertov, "Nous" (1922), in *Articles, journaux, projets*, p. 16.
93) Dziga Vertov, "Conseil des trois" (1923), in *Articles, journaux, projets*, p. 34.

어떤 강도적 에너지로 '포화'되어간다. 프레임은 여기서 잠재적 에너지들이 축적되고 포화되는 시간의 프레임이다. 이 프레임 안에서 시간으로 변용되고 시간의 작용으로 만들어지는 순수한 시간-이미지들의 생성, 극화가 일어난다. 이미지는 바로 이 강도적 힘으로 포화되는 생성 과정 속에 존재하면서, 그 스스로 고유한 시간의 형태가 된다. 이것이 이미지의 존재 방식, 이미지의 이것임heccéité이다. '이미지를 만들다'는 바로 이 잠재적이고 비인칭적인 이미지의 개체화 역량을 현실화하는 이미지의 자기-생성의 사건이다.

5. 철학의 예술 의지, 존재의 예술 의지

> 파안대소하지 않고서, 환희에서 또 다른 환희로 순간순간 넘어
> 감이 없이, 베케트를 읽기란 어렵다. 웃음, 기표 말고 웃음 말이
> 다. 위대한 책들에서 나오는 것은 우리의 하찮은 나르시시즘적
> 인 번민이나 죄의식의 공포가 아닌 분열증적인 웃음 혹은 혁명
> 적인 환희이다. 우리는 이것을 '초인의 희극' 혹은 '신의 어릿광
> 대'라 부를 수 있으리라.
>
> ──질 들뢰즈, 「유목적 사유」에서

　들뢰즈 철학에서 예술은 철학이 스스로 창조할 것을 강제
하고 추동하는 강력한 외부성의 기호로 실재한다. 예술은 물
질적 재료가 (잠재적) 힘들──작용하고 반응하는 힘들──을
포획하여 새로운 감응의 방식과 주체화의 방식, 그리고 새로
운 사유의 형식을 창조하는 생성의 과정이자 사건으로서의
창조 행위다. 들뢰즈의 예술철학은 이 질료와 힘이 생성하는
사건으로서의 역량을 따라가며 그 감각의 논리를 개념적으로
종합한 작업이다. 예술과 철학의 '이접적 종합'이라고도 부를
수 있을 이 같은 작업은 한편으로 철학에서의 예술 의지를 촉
구하고, 다른 한편으로 새로운 것의 창조라는 예술의 사명 또
한 새로운 사유의 이미지를 제시하려는 철학적 '문제들'의 창

조와 다른 것이 아님을 강력히 주창한다. 들뢰즈가 프루스트, 자허-마조흐, 카프카, 베이컨, 영화, 바로크 등을 횡단하며 만들어낸 예술과의 이접적 종합의 산물들은 예술의 감각적 사유의 구체적 생성을 따라가며 철학의 문제들을 새롭게 재배치한 철학적 실험들이다.

베케트의 텔레비전 단편극 네 편에 대한 철학적 에세이「소진된 인간」은 이 예술철학적 실험의 연보에서 거의 끝자락에 위치한다. 특히 스피노자와 베르그손이 비판적으로 사유했던 '가능한 것' '가능성'의 개념이, 『차이와 반복』 이후 줄기차게 들뢰즈 철학의 근저에 자리한 문제, 곧 이미지의 개체화란 어떤 강도적 생성의 운동 속에서 가능한가 하는 질문과 함께 근본적으로 제기되고 있다. 들뢰즈는 베케트의 소진된, 혹은 소진되어가는 신체들의 운동을 통해, '가능성의 소진'이 역설적으로 가능하게 한 순수한 강도적 이미지의 생성을 보여준다. 이 이미지가 바로 예술의 '이것임,' 예술의 주체화 역량이다.

「소진된 인간」이 출간된 1992년은 들뢰즈의 오랜 철학적 동지였던 펠릭스 과타리F. Guattari가 세상을 떠난 해다. 한 해 전인 1991년 들뢰즈는 철학자로서 온 생을 살아낸 후에야 비로소 질문할 수 있게 된 것, 곧 '철학이란 무엇인가'라는 가장 단순하고 본질적인 '최후'의 질문을 과타리와 더불어 마지막으로 사유하고 풀어내기도 했다. 혹자는 '소진된 인간'이라는 제목에서 신체적 소진이 물리적으로 거의 완료되어가던 노회한 철학자의 최후의 말을 기대할 수도 있으리라. 그러나 주지하다시피 들뢰즈 생전의 마지막 글은 그가 세상을 떠난 1995년 『철학 *Philosophie*』지에 발표한 「내재성: 생명……」이다. 그리고 「소진된 인간」과 「내재성: 생명……」 사이의 거리는 그리 멀지 않다. 들뢰즈에게 소진이란 결코 부정적인 의미가 아닌, 생명의 창조적 비약의 의미가 역설적으로 함축된 것이기 때문이다. 철학자는 자신의 신체적 소진이 거의 완료되어가는 시점에서, 소진의 진정한 의미, 곧 '가능성의 소진'과 이를 통해서만 이뤄낼 수 있는 마지막 창조 행위인 '이미지 만들기'에 대해 이야기한다. 마치 기억상실증 환자에게 기억이, 실어증 환자에게 언어가, 무두인無頭人에게 사유 그 자체가 창조되는 것처럼, 그리고 무엇보다 사유 속에서 사유가, 아니 비사유가 분만되는 것처럼 말이다.[94]

이미지는 가능한 것의 소진 속에서 만들어진다. 소진의 에너지가 강렬하면 강렬할수록 들뢰즈가 "마지막 숨, 숨결"이라 칭한 이미지의 도래는 더욱 앞당겨질 것이다. 들뢰즈가 "도착적 세계le monde pervers"[95]라 부른 이 세계—가능한 것

---

94) Gilles Deleuze, *Différence et répétition*, p. 192.

95) Gilles Deleuze, *Logique du sens*, Minuit, 1969, p. 372.

의 범주가 필연적인 것의 범주를 완전히 대체해버린 세계—
에서 소진된 인간은 소진의 운동을 위해, 그리고 그가 만들어
가는 이미지를 위해 자신의 숨을 내준다. 그러니 그는 더욱
가열 차게 소진될 뿐이다. 즉 소진된 인간은 이미지를 창조하
려는 스스로의 에너지로 자신의 숨을 소진시키는 인간이다.
이미지는 바로 이 신체의 한계에서 생성되고 스스로 완성되
어 사라진다. '소진'이란 결국 이 신체의 마지막 숨(이미지)
을 증언하며 충만한 생의 약동을 느낄 수 있었던 한 철학자의
눈부신 파안대소를 감춘 그의 마지막 가면이자 간계이리라.

1992년 프랑스의 미뉘 출판사에서 번역, 출간된 베케트의 『쿼드』선집은「쿼드」「유령 삼중주」「한갓 구름만……」「밤과 꿈」등 베케트가 1975년에서 1983년 사이에 쓰고 제작한 네 편의 텔레비전 단편극의 시나리오를 포함한다. 철학자 질 들뢰즈가 이에 붙인 해제가 바로「소진된 인간」이다. 애초에 영어로 쓰인 베케트의 작품들은 모두 1977년에서 1983년 사이 독일 SDR의 제작 지원을 받아 독일 현지에서 텔레비전 극으로 만들어졌고, 이후 독일, 영국, 아일랜드에서 방영됐다. 다음은『쿼드』에 수록된 네 작품의 시나리오를 요약 정리한 것이다.

베케트의 『쿼드』 수록 작품 소개

쿼드

제작 개요

시나리오: 「쿼드Quad」(1980, 영어판)

제작: 「Quad I & II」(독일 SDR, 1981)

연출: 사뮈엘 베케트(조감독: 브뤼노 보주Bruno Voges)

방영: 독일 RFA(1981), 영국 BBC2(1982)

출간: 베케트의 『단편극 선집Collected Shorter Plays』(1984)에 수록.

1. 「쿼드 I」*

등장인물: 1, 2, 3, 4**

—각 배우들은 서로 구별되지 않는다. 얼굴은 전혀 볼 수 없
지만 되도록 서로 닮아야 하고 작고 마른 체형이 요구된다.
일정 정도의 춤 경력이 있어야 한다. 성별은 무관하다.

—네 명의 배우들은 주어진 정사각형의 네 모서리 A, B, C,
D에서 시차를 두고 출현하여 각기 정해진 궤도를 따라 직

---

* 베케트는 시나리오의 첫머리에 '네 명의 배우, 빛, 그리고 타악기를 위한 극'이
라 명기하고 있다.

** 「쿼드」는 '4인을 위한 발레'로 불리기도 한다. 여기에 출연한 네 명의 배우들은
모두 슈투트가르트 발레예비학교의 학생들이다.

선으로 각 변을 따라가거나 혹은 대각선으로 사각의 공간
을 횡단한다. 정사각형의 중심은 E다. 정사각형의 모형과
각 배우의 궤도는 다음과 같다.

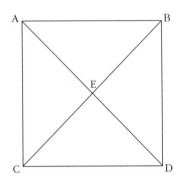

배우 1의 궤도: AC, CB, BA, AD, DB, BC, CD, DA

배우 2의 궤도: BA, AD, DB, BC, CD, DA, AC, CB

배우 3의 궤도: CD, DA, AC, CB, BA, AD, DB, BC

배우 4의 궤도: DB, BC, CD, DA, AC, CB, BA, AD

의상: 배우들은 머리부터 발끝까지 가려지는 중세의 수도복과
흡사한 두건 달린 긴 망토를 착용한다. 망토의 색깔은 각기
하양, 노랑, 파랑, 빨강이다.

조명: 각 배우의 동선에는 서로 다른 빛깔의 조명이 수반된다
(조명의 조합은 시나리오상에 명확히 명기되어 있지만, 베케트는

곧 이것이 별로 실용적이지 않다고 판단해 포기한다).

음향: 배우들의 움직임에는 작은북, 징, 트라이앵글, 목탁 등 각기 고유한 타악기의 음향이 수반된다.

—조명과 음향은, 배우들이 정사각형 밖에 위치한 어둠에서 나와 움직이기 시작하면 같이 시작되고, 각 배우들이 자신의 궤도를 완주하는 동안 지속되었다가, 완주를 끝내고 정사각형 밖으로 사라지면 멈춘다. 음향은 배우들 각자의 발소리가 들릴 수 있도록 매우 약하게 연주되어야 한다. 연주자들은 일본의 노能에서처럼 정사각형 바깥의 어둠 속에 위치해 있다.

카메라: 카메라는 화면 앞쪽에 고정된 채 부감의 위치에서 정사각형의 공간을 내려다보도록 설치되어 있고, 정사각형의 공간을 주파하는 배우들과 이 공간을 감싸는 어둠 속 연주자들 모두를 프레임화한다.

지속시간: 약 25분

—지속시간은 배우들의 걸음 속도를 1초당 한 걸음씩으로 계산하고, 모서리를 돌 때와 중심의 E 부근에서 서로 비껴갈 때 지체되는 시간을 고려하여 산정되었다.

운동의 조합과 계열: 배우들은 각자 빗변에서 대각선, 그리고 다시 빗변에서 대각선으로 정사각형 공간 전체를 주파한다. 한 번의 완주가 끝나면 자신의 운동 계열을 다시 반복하거나 화면 밖으로 사라진다. 운동의 조합과 각 계열의 전개는 다음과 같다.

① 계열 1: 배우 1이 모서리 A로 들어와 홀로 자신의 궤도를 완주한다. 배우 3이 모서리 C로 들어온다. 그리고 이제 둘이 동시에 각자 자신들의 궤도를 완주한다. 배우 4가 모서리 D로 들어오고 다 같이 각자 자신들의 궤도를 완주한다. 배우 2가 모서리 B로 들어오고 넷이 다 함께 각자 자신들의 궤도를 완주한다.

배우 1이 자신의 궤도를 완주한 후 나가고, 나머지 셋이 각자 자신들의 궤도를 완주한다. 배우 3이 나가고 나머지 둘이 각자 자신들의 궤도를 완주한다. 배우 4가 나가고 배우 2만이 홀로 남아 자신의 궤도를 완주한다. 여기서부터 계열 2가 시작된다.

② 계열 2: 배우 2가 자신의 궤도를 완주하면 배우 1, 4, 3이 차례로 들어온다. 그리고 다시 ①처럼 반복한 후, 배우 3을 남기고 차례로 화면을 빠져나간다. 계열 3의 시작이다.

③ 계열 3: 배우 3의 솔로 완주 후, 차례로 배우 2, 1, 4가 들어와 앞의 계열을 반복하고, 배우 4를 남긴 채 하나씩 화면을 빠져나간다. 계열 4의 시작이다.

④ 계열 4: 배우 4의 솔로 완주 후 차례로 배우 3, 2, 1이 들어오고, 반복한 후 하나씩 화면을 빠져나간다.

마지막으로 남은 배우 1이 홀로 자신의 궤도를 완주한다.

위 배우들의 운동을 각기 고유한 숫자로 수치화하여 간략하게 정리하면 다음과 같다.

계열 1: 1, 13, 134, 1342, 342, 42

계열 2: 2, 21, 214, 2143, 143, 43

계열 3: 3, 32, 321, 3214, 214, 14

계열 4: 4, 43, 432, 4321, 321, 21

참고: 배우들의 조합이 1, 2, 3, 4로 증가하면서 대각선으로 공간을 횡단해도 서로 부딪히거나 충돌하는 일은 일어나지 않는다. 배우들은 정사각형 공간의 중심인 E 부근에서 걸음의 속도를 그대로 유지한 채 각기 살짝 몸을 틀어 중심 E를 피해 다시 반대편 모서리로 이동한다. 이 동작은 각자 홀로 공간을 대각선으로 횡단할 때나 둘, 셋, 넷으로 무리를 지어 횡단할 때도 동일하게 유지된다. 이로써 배우들이 중심에서 충돌하는 일은 결코 일어나지 않으며, 중심 E 또한 결코 침범되지 않는다. 베케트는 시나리오의 주註에서 E가 '위험 지대'로 가정되고 있다고 말한다.

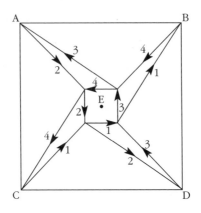

2. 「쿼드 II」

「쿼드 II」는 「쿼드 I」의 변주이다. 배우들은 모두 동일한 흰색 수도복 모양의 망토를 머리부터 발끝까지 뒤집어쓰고 있다. 이들을 구분해줄 색깔도 없고, 움직임에 동반되었던 타악기의 연주도 없다. 오직 발소리만 있을 뿐이다. 움직임은 「쿼드 I」보다 느리며, 계열 1의 운동만이 시연된다.

02

유령 삼중주

제작 개요

시나리오: 「유령 삼중주Ghost Trio」(1975, 영어판)
『베케트 연구 저널Journal of Beckett Studies』 1976년
겨울호에 게재됨.

제작: 「Ghost Trio」(영국 BBC2, 1977), 「Geister Trio」(독일
SDR, 1977)

연출: 사뮈엘 베케트/도널드 매퀴니Donald McWhinnie(영국판),
사뮈엘 베케트(독일판)

방영: 영국 BBC2(1977), 독일 RFA(1977)

출간: 베케트의 『잡동사니Ends and Odds』(1976)에 수록.

작품 제목: 「유령 삼중주」의 제목은 베토벤의 피아노 삼중주 「유령」(Op. 70, n° 1)에서 직접 따온 것이다. 베케트는 베토벤의 「유령」 제2악장(Largo assai ed espressivo)의 두번째 테마를 「유령 삼중주」의 중심 모티프로 사용하고 있다. 「유령 삼중주」에서 베토벤의 음악은 다음과 같이 배치된다.

① 1막 13번째 숏: 「유령」 제2악장의 47번째 소절 도입부(약하게 5초)

② 1막 23번째 숏: 49번째 소절 도입부(약하게 5초)

③ 1막 31번째 숏에서 34번째 숏까지: 19번째 소절 도입부(5초씩 점점 강하게 반복되다 34번째 숏에서 점점 약해지며 들

리지 않게 됨)

④ 2막 26번째 숏에서 29번째 숏까지: 64번째 소절 도입부
(5초씩 점점 강하게 반복되다 29번째 숏에서 점점 약해지며
들리지 않게 됨)

⑤ 2막 35번째 숏에서 36번째 숏까지: 71번째 소절 도입부
(5초 동안 처음에는 약하게 들리지만 점점 커지다 갑작스럽게
중단됨)

⑥ 3막 1번째 숏과 2번째 숏, 4번째 숏과 5번째 숏: 26번째
소절 도입부(5초 동안 처음에는 약하게 들리지만 점점 커지
다 갑작스럽게 중단됨)

⑦ 3막 29번째 숏: 64번째 소절 도입부(10초 동안 지속되다
중단됨)

⑧ 3막 36번째 숏에서 끝까지: 82번째 소절 도입부(점점 커짐)

등장인물:

V: 여인의 목소리

S: 남성 실루엣

공간과 카메라: 베케트의 시나리오에는 주인공 남자 S의 행위
가 전개되는 공간의 배치도와 그의 동선, 카메라의 위치가 정
확하게 표기된 도판이 포함되어 있다.

공간은 6m×5m의 실내이다. 오른편에는 어두운 복도로 난

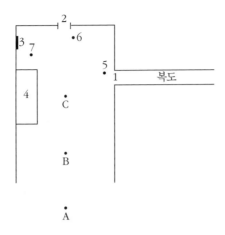

1. 문 2. 창문 3. 거울 4. 침상 5. 문가에 앉은 S

6. 창문가의 S 7. 침상 머리의 S

A. 풀숏의 카메라 위치 B. 전경의 카메라 위치

C. 클로즈숏의 위치(1과 5, 2와 6, 3과 7)

문이, 정면에는 비가 오는 밤으로 난 창문이, 그리고 왼편에
는 침상이 있고 그 위쪽에 거울이 있다. 인물 S는 문 가까이
앉아 있거나 창문으로 다가가거나 침상 머리맡에 서서 거울을
바라보는데, 각 위치에서 인물이 자리해야 할 지점 또한 배치
도에 정확히 점으로 표시되어 있다. 무대 앞쪽 공간에는 카메
라가 위치한다. 카메라는 차례로 다음의 세 위치를 옮겨 간
다. 공간 전체를 잡는 풀숏의 지점 A, 인물과 무대 장치 등

대상을 좀더 접근하여 포착하기 위한 전경의 지점 B, 인물과
대상을 근접하여 포착한 클로즈숏의 지점 C. 이 세 지점 또한
공간의 배치도에 정확히 표시되어 있다.

구성: 이 작품은 총 3막으로 구성된다. 각 막에는 '전前-행위'
'행위' '재-행위'라는 제목이 붙어 있다. 제1막은 35개의 숏,
제2막은 38개의 숏, 그리고 제3막은 41개의 숏으로 이루어졌
으며, 각 숏의 길이 또한 초 단위로 정확히 명기되어 있다.

[제1막]

— 풀숏으로 공간 전체가 보이고 목소리 V가 말하기 시작한다.

— V는 볼륨을 낮출 것을 요구하면서, 세팅된 공간의 부분들
　을 하나하나 지칭하여 소개한다.

— V가 공간의 부분들을 지칭할 때마다 카메라는 이를 5초 동
　안 응시한다.

— 카메라가 B의 위치로 이동하여 문 옆의 낮은 걸상에 머리
　를 감싸고 구부정하게 앉아 있는 S를 비춘다. S는 작은 녹
　음기를 손으로 끌어안고 그 위에 몸을 푹 숙이고 있다.

— 카메라가 C의 위치로 이동하여 S의 머리, 손, 녹음기 등을
　클로즈업으로 비춘 다음, 다시 천천히 뒤로 물러난다. 그
　사이 음악은 중단되고, 카메라는 맨 처음 풀숏의 위치 A로
　돌아가 공간 전체를 비춘다. 제1막 종료.

[제2막]

—목소리 V가 "그는 이제 여인이 다가오는 소리를 들었다고 믿게 된다"라고 말한다.

—S가 고개를 들어 구부정한 자세를 계속 유지한 채 문 쪽을 바라본다.

—V가 "아무도 없다"고 말하면, S는 다시 처음의 자세로 돌아온다. "다시 한 번"이라고 V가 말하면 S는 다시 고개를 번쩍 들고 문 쪽을 바라본다.

—V가 "이제 문까지"라고 말하면, S는 녹음기를 내려놓고 문 쪽으로 다가가, 문에 귀를 기울인다. V는 재차 "아무도 없다"고 말한다.

—V가 "연다"라고 말하면, S는 카메라를 등진 채 오른손으로 문을 반쯤 열어 바깥을 응시하다 천천히 닫는다. V는 "아무도 없다"고 반복해 말한다.

—V가 "이제 창문까지"라고 말하면, S는 창문으로 다가가 카메라를 등지고 서 있다가, V가 다시 "연다"라고 말하면 천천히 창문을 연다. "아무도 없다"고 V가 말하면 S는 창문을 서서히 닫은 다음, 계속 카메라를 등지고 선 채 망설인다.

—V가 "이제 침상까지"라고 말하면, S는 고개를 창문에서 침상 쪽으로, 즉 왼쪽으로 돌려 5초 동안 응시하고 서 있다가, 침상 머리에 있는 벽 쪽으로 몸을 틀어 다가간다. 그리

고 벽에 걸린 거울 속 자신의 얼굴을 응시한다. 풀숏의 카메라의 위치에서는 거울 속 얼굴이 보이지 않는다.

—V가 갑자기 "아!" 하고 탄식한다. S는 고개를 푹 숙인 채 거울 앞에 서 있다가, V가 "이제 문까지"라고 말하면 다시 문가로 이동하여 처음의 자세로 돌아와 녹음기를 끌어안고 앉는다.

—카메라는 제1막의 마지막에서처럼 점점 앞으로 이동하여 S와 녹음기를 클로즈업한 다음, 다시 처음 위치로 천천히 물러난다.

—다시 V가 "그는 이제 여인이 다가오는 소리를 들었다고 믿게 된다"라고 말한다.

—S가 다시 고개를 번쩍 들어 문을 바라본다. 그리고 녹음기를 내려놓고 문으로 다가가 문을 연 다음, 몸을 복도 쪽으로 기울여 밖을 확인한다. 몸을 다시 곧추세운 그는 문에서 손을 뗀다. 문이 천천히 닫히는 동안 S는 주저하며 문 앞에 서 있다가, 다시 처음의 자세로 돌아와 녹음기를 끌어안고 몸을 푹 숙인다.

—음악 소리가 점점 커진다. V가 "그만!"이라고 말한다.

—음악은 중단되고 카메라는 풀숏으로 5초 동안 공간 전체를 잡아 보여준다.

—V가 "다시 한 번"이라고 말한다. 제2막 종료.

[제3막]

제3막에서는 앞의 제2막이 그대로 반복된다. 하지만 목소리 V는 더 이상 등장하지 않고, 대신 인물의 행위와 공간의 부분들이 모두 클로즈숏이나 클로즈업숏으로 근접하여 보이면서 인물의 행위에 수반된 현장음들, 즉 S가 문을 열고 닫을 때 삐걱거리는 문소리, 창문 여닫는 소리, 창문이 열릴 때 들리는 빗소리, 누군가가 문을 두드리는 소리, 복도에서 소년이 멀어져가는 소리 등이 그대로 들린다.

—제2막의 마지막에서 V가 "다시 한 번"이라고 말하면 제2막이 종료됨과 동시에, 카메라가 C의 위치에서 S와 문을 가까이 보여준다.

—카메라가 트랙인으로 C에서 더 앞으로 전진하여, 클로즈업으로 S의 머리, 손, 녹음기를 보여준다.

—S가 고개를 든다. 카메라는 다시 트랙아웃으로 뒤로 물러나 처음 시작 위치 C에서 S와 문을 근접으로 보여준다.

—S가 문으로 이동하고, 그의 동작을 카메라가 계속 근접하여 보여준다.

—S가 문을 열면, 그의 시점에서 바라본 복도가 나타난다. 회색 벽 사이, 70센티미터 폭의 좁고 긴 사각형의 복도. 복도는 텅 비어 있고 끝은 어둠에 잠겨 있다.

—카메라가 다시 의자와 녹음기, 그리고 문 옆에 서 있는 S를 근접하여 보여준다.

—문이 닫히는 소리가 들리고, 다시 의자, 녹음기, S가 보인다.

—카메라가 이제 부감의 클로즈업으로 사각형의 걸상 위에 놓인 좀더 작은 사각형 모양의 녹음기를 보여준다. 큰 사각형 위의 자그마한 회색 사각형 형태이다.

—S는 원위치로 돌아오고 다시 S와 의자, 녹음기가 보인다.

—S가 창문으로 이동하고, 카메라는 동일한 클로즈숏으로 그를 잡는다. S가 창문을 열면 어두운 밤의 희미한 미명 속에 떨어지는 빗줄기가 보인다.

—S가 고개를 침상 쪽으로 돌린다. S, 거울, 침상 머리가 보인다.

—카메라가 수직 부감으로 침상 전체를 클로즈업으로 잡은 다음, 서서히 하강하여 좀더 큰 클로즈업 위치로 내려와, 느린 수평 트랙으로 베갯머리에서 침대 발치까지 훑은 다음, 다시 베개로 돌아와 5초 동안 응시한다. 이어 다시 수직으로 상승해 침상 전체를 비춘다.

—S와 거울, 침상 머리가 다시 보이고, 이제 아무것도 비치지 않는, 네모난 회색 벽에 걸린 네모난 작은 회색 거울이 보인다. 거울은 녹음기와 동일한 크기이다.

—다시 S와 거울, 침상 머리가 보이고, 거울을 바라보는 S의 모습이 보인다.

—거울에 비친 S의 얼굴이 5초 동안 보인다. 늙고 주름진 긴 얼굴, 흘러내린 백발의 머리.

―S는 눈을 감는다. 5초 후 눈을 뜬다. 다시 5초 후 S는 머리를 숙이고, 거울에는 그의 정수리가 비친다. S의 기울인 머리, 거울, 침상 머리가 다시 보인다.

―S가 처음 문가의 위치로 돌아와 동일한 자세를 취하고 앉는다. 누군가의 발소리가 문 뒤에서 다가와 멈춘다. 희미하게 문 두드리는 소리. 5초의 기다림. 다시 희미하게 문 두드리는 소리.

―S는 문을 열고 복도로 몸을 기울인다. 어린 소년이 빗물로 번들거리는 검은 비옷을 입고 문 앞에 서 있다. 소년은 창백한 흰 얼굴을 들어 S를 올려다본다. 5초 후 고개를 약하게 좌우로 설레설레 흔든 다음, S를 다시 올려다보고 고개를 좌우로 흔든다. 소년이 몸을 틀어 복도 끝으로 사라지고 그의 발소리도 멀어진다. 그가 사라질 때까지 카메라는 어두운 복도를 응시한다. 카메라가 계속 텅 빈 복도를 조금 더 응시한다. S, 녹음기, 열린 문이 보인다. 문이 서서히 닫힌다.

―커팅되며 카메라는 맨 처음 풀숏의 위치에서 공간 전체를 비춘다. 음악 소리가 조금씩 커지고, 이와 함께 카메라는 느리게 트랙인으로 전진하여 클로즈업의 위치까지 이동한 다음, 녹음기 위로 푹 숙인 S의 머리를 다시 비춘다. 침묵.

―S가 고개를 든다. 그의 얼굴이 선명하게 드러난다.

―카메라는 다시 느리게 후진하여 풀숏의 위치에서 공간 전체를 비춘다. 페이드아웃. 제3막 종료.

03

한갓 구름만······

제작 개요 ─────────────────────────────

　시나리오:「한갓 구름만······ ···but the clouds···」(1976, 영어판)
　제작:「···but the clouds···」(영국 BBC2, 1977),
　　　　「Nur noch Gewölk」(독일 SDR, 1977)
　연출: 사뮈엘 베케트/도널드 매퀴니(영국판), 사뮈엘 베케트(독일판)
　방영: 영국 BBC2(1977), 독일 RFA(1977)
　출간: 베케트의『잡동사니』(1976)에 수록.

작품 제목:「한갓 구름만······」은 예이츠W. B. Yeats의 독백 형식
의 장시長詩「탑The Tower」(1926)의 마지막 절에서 따온 것이
다. 예이츠의 시는 창조력이 소진돼가던 늙은 시인이 스스로
에게 제기한 질문, 즉 시각과 청력이 균형을 잃고 신체적 힘
이 소진되었을 때 감각적 세계의 기억만으로 시 작업이 이루
어질 수 있을까, 기억만으로 창조적 행위가 자극될 수 있을까
하는 질문에서 시작된 것이라 한다. 베케트의「한갓 구름
만······」에는「탑」원문의 마지막 절 4행이 직접 인용된다.

　〔······〕

　친애하는 이들의 죽음, 아니

숨을 멎게 하던

모든 빛나는 시선들의 죽음

수평선이 희미해져갈 때

하늘의 한갓 구름만 같은

아니, 무겁게 내려앉은 어두운 그림자 사이로 잠드는

새들의 외마디 외침과 같은.

등장인물:

H: 긴 실내복과 회색 나이트캡을 걸치고, 관객에게는 보이지
　　않는 책상 앞에 구부정하게 앉아 있는 남자의 뒷모습을
　　잡은 클로즈숏의 이미지

H1: 외투와 모자를 쓰거나, 긴 실내복과 밝은 나이트캡을 쓰
　　고 무대에 직접 나타나는 H

F: 눈과 입매만 보이는 여인의 클로즈업된 얼굴

P: H1이 나타나거나 텅 빈 채로 보여지는 원형의 무대

V: H의 목소리

공간:

―극이 전개되는 무대는 직경 5미터 남짓의 원형 공간이다.
　조명은 이 원형 공간에만 주어지고, 공간의 경계 너머는
　어둠에 묻혀 있다. 원의 가장자리는 덜 밝고 중심으로 갈
　수록 환하다.

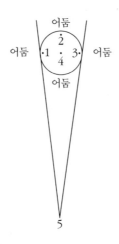

어둠

어둠 ·1 3· 어둠

어둠

5

1. 서쪽, 길들 2. 북쪽, 성역 3. 동쪽, 작은 방

4. 멈춰 서는 위치 5. 카메라의 위치

—이 공간에 등장하는 인물은 H1(영어판의 M1)이 유일하다.

H1은 원의 동쪽, 서쪽, 혹은 북쪽의 어둠 속에서 나와 불

밝혀진 원형의 공간을 가로로 혹은 세로로 느리게 가로질

러 가다가 원의 중심에서 잠시 멈춰 선 다음, 맞은편 어둠,

혹은 정면의 카메라를 잠시 응시하고는 곧바로 맞은편 어

둠 속으로 사라진다.

—외투와 모자를 쓴 H1이 등장하는 서쪽의 어둠은 H1이 낮

동안 헤매고 돌아다닌 샛길들이다. H1이 긴 실내복과 나

이트캡으로 갈아입는 맞은편 동쪽의 어둠에는 작은 방이

있으며, 의복을 갈아입은 H1이 이미지를 불러오기 위해 잠겨 들어가는 북쪽의 어둠은 H1의 정신의 방, 밀실, 성역이다. 그리고 (관객 방향의) 남쪽 어둠 속 멀리에는 카메라가 위치해 있다. 인물이 어둠 속에서 나와 공간을 횡단하다 멈춰 서는 지점은 대략 원의 중심이다. 베케트의 시나리오에는 동서남북의 네 지점과 중심을 포함한 다섯 개의 지점이, 원형의 공간과 남쪽 멀리 있는 카메라를 기점으로 정확히 표시되어 있다.

구성:「한갓 구름만……」의 지속시간은 15분 46초이며, 총 60개의 숏으로 이루어져 있다. 각 숏의 지속시간은 다른 단편극에서와 마찬가지로 초 단위로 정확히 시나리오에 명기되어 있다.

―잠시 암전된 상태가 계속되고, 그 위로 이미지 H가 나타난다.

―목소리 V가 "내가 그녀를 생각할 때는 항상 밤이었다. 나는 집으로 돌아왔다……"라고 말한다. '집으로 돌아왔다'라는 말과 함께, 조명을 받은 원형의 공간 P가 오버랩되어 나타나고, 잠시 후(정확히 5초 후) 두터운 외투와 모자를 쓴 H1이 서쪽 어둠으로부터 들어와 원의 중심을 향해 천천히 다섯 걸음을 옮긴다. 그리고 멈춰 서서 맞은편 동쪽의 어둠을 응시한다.

—V가 "아니야!"라고 말한다. 다시 이미지 H가 나타난다.

—V는 "아니야. 정확히는 그게 아니야. 그녀가 나타날 때는 항상 밤이었다. 나는 집으로 돌아왔다"라고 고쳐 말한다.

—다시 공간 P가 오버랩되어 나타나고, H1이 다시 서쪽 어둠에서 들어와 동쪽의 어둠을 응시하고 멈춰 선다.

—V는 "바로 그거야. 동이 뜰 때부터 수없이 많은 길들을 헤매고 다니다, 밤에 이끌려 집으로 돌아왔다. 그리고 잠시 귀 기울여 듣고 서 있다가, 결국 작은 방으로 들어갔다"고 말한다. 이 말과 함께 H1은 천천히 걸음을 떼어 동쪽의 어둠 속으로 사라진다.

—V는 계속해서 "모자와 외투를 벗고, 실내복과 나이트캡으로 갈아입고, 다시 나타났다"라고 말한다. 그러면 긴 실내복과 나이트캡으로 갈아입은 H1이 동쪽 어둠에서 나와 천천히 중앙으로 다섯 걸음을 옮긴 다음, 멈춰 서서 처음 자신이 들어왔던 맞은편 서쪽의 어둠을 응시한다.

—이제 V는 "다시 나타나 이전처럼 서 있다가, 그러나 다른 쪽을 향해 다른 면을 보이며, 마침내 몸을 틀어 자취도 없이 사라졌다"고 말한다.

—H1은 오른쪽으로 몸을 틀어 다섯 걸음을 옮긴 후 북쪽의 어둠 속으로 사라진다.

—V는 "나의 작은 성역 속으로 사라져, 아무도 나를 볼 수 없는 어둠 속에서 몸을 웅크리고 있었다"고 말한다.

—H의 이미지가 다시 오버랩되어 나타나고, V는 "이제 모든
것이 제대로라고 안심해도 되겠다"고 말한다.

—다시 공간 P가 오버랩되어 나타나고, H1은 좀 전의 모든
행동을 다시 천천히 반복한다. 즉 서쪽 어둠으로부터 나타
나 천천히 중심으로 이동하여 멈춰 섰다가, 동쪽 어둠 속으
로 사라진 후 의복을 갈아입고 다시 나타나, 몸을 틀어 북
쪽 어둠 속으로 사라진다. V는 "바로 그거야"라고 말한다.

—H의 모습이 다시 오버랩되어 나타난다.

—V는 "그러고는, 아무도 나를 볼 수 없는 거기 어둠 속, 나
의 작은 성역에 몸을 웅크리고, 그녀가 나타나주길, 나에
게 나타나주길 애원하기 시작했다. 이것은 오랜 내 일상적
습관이었다. 그녀가 나타나길, 그녀가 나에게 나타나주기
를 기원하는, 소리 없는 정신의 탄원. 밤의 가장 깊은 어둠
속에서 지칠 때까지, 그만둘 때까지. 아니, 물론, ……까
지"라고 말한다.

—여인의 클로즈업 F가 오버랩되어 나타난다. 그리고 다시
H가 오버랩되어 이어진다.

—V는 "그녀가 한 번도 나타나지 않아도, 그사이 나는 계속
애원하고 있었던가, 그 시간 내내 계속 애원하고 있었던
가. 나는 단지 내 작은 성역으로 사라져 다른 일로, 어쩌면
아무것도 아닌 일로 분주했던 것은 아닐까, 아니 그 무엇
에도 꿈쩍 않고 있었던 것은 아닐까. 어느새 날이 밝아, 다

시 도망쳐 나와, 실내복과 나이트캡을 벗어던지고, 외투와 모자로 갈아입은 다음, 또다시 도망쳐나가 수많은 길들을 헤매고 다니게 될 때까지 말이다"라고 말한다.

—V의 말이 끝나면 공간 P가 오버랩되어 이어지고, 조금 전과는 반대로 실내복을 입고 나이트캡을 쓴 H1이 북쪽 어둠 속에서 나타나 다섯 걸음을 뗀 다음, 정면의 카메라를 가만히 응시하다 몸을 왼쪽으로 틀어 동쪽의 어둠 속으로 사라진다. 그리고 잠시 후(2초 후) 외투와 모자를 걸치고 나타나 서쪽으로 다섯 걸음을 옮긴 후, 서쪽의 어둠을 잠시 응시하다 사라진다.

—V가 "바로 그거야"라고 말한다.

—H가 다시 오버랩된다.

—V가 "이제 세 경우를 구분해보자. 하나. 그녀가 나타났고 ……"라고 말하면 F가 오버랩되어 나타나고, 이어 H의 이미지가 이어진다.

—V가 "숨 돌릴 새도 없이 사라졌다. 둘. 그녀가 나타났고 ……"라고 말하면, 다시 F가 오버랩되어 나타난다.

—V가 "잠시 주춤하고 있었다. 살아 숨 쉬고 있는 내가 그토록 받기를 애원했던 그 황망한 시선으로"라고 말하면, 다시 H의 이미지가 오버랩된다.

— "셋. 그녀가 나타났고……"라는 V의 말과 함께 F의 오버랩이 다시 이어지면, V는 "잠시 후"라고 말한다. 이때 F의

입술이 조금 움직이면서 거의 들릴락 말락 하게 "구름, 하늘에 흘러가는 한갓 구름만······"이라고 말한다. V 또한 F의 입술 움직임에 맞춰 "······한갓 구름만······"이라고 중얼거린다. F가 침묵한다. V가 "바로 그거야"라고 말한다.

—다시 H가 오버랩되어 나타나고, V는 "다시 한 번 반복하자"고 말한다.

—공간 P에서 H1은 이전의 행위, 즉 서쪽의 어둠에서 나타나 동쪽의 작은 방에서 의복을 갈아입고 북쪽 어둠 속으로 사라지는 행위를 똑같이 반복한다.

—H와 F가 디졸브되며 차례로 이어지고 다시 한 번 반복된다. F의 이미지가 2초, H의 이미지가 5초로, F의 지속시간이 더 짧다.

—V가 "나를 바라봐줘!"라고 말한다.

—다시 H와 F의 이미지가 차례로 오버랩되어 나타난다. F의 입술이 조금 움직이면서 거의 들리지 않게 "구름, 하늘에 흘러가는 한갓 구름만······"이라고 말한다. V 또한 F의 입술 움직임에 맞춰 "······한갓 구름만······"이라고 중얼거린다. F가 침묵한다. 이제 V는 "나에게 말을 해줘!"라고 말한다.

—다시 H의 이미지가 오버랩되어 나타난다.

—V는 "바로 그거야. 물론 네번째 경우, 아니 내가 즐겨 말하던 대로, 가장 빈번했던 제로의 경우가 있다. 한 번을 제

외한 999번, 혹은 두 번을 제외한 998번의 경우. 나는 그렇게 어두운 밤의 심연 속에서 헛되이 애원하곤 했다. 마침내 지쳐 그만둘 때까지. 그리고 다른 것, 예를 들어 세제곱근 같은 유용한 것에 몰두하거나, 아니면 아무것도 아닌 것, 무, 이 무한한 광맥에 몰두하기까지. 드디어 날이 밝아, 다시 도망쳐나가, 내 작은 성역에서 철수하여, 실내복과 나이트캡을 벗고, 모자와 외투로 갈아입고, 다시 도망쳐나가, 수많은 길들을 헤매고 다니게 될 때까지. 작은 샛길들"이라고 천천히 말한다.

—텅 빈 공간 P가 다시 보이고, 실내복을 입고 나이트캡을 쓴 H1이 북쪽 어둠 속에서 나타나 동쪽 작은 방에서 의복을 갈아입고 서쪽 어둠 속으로 사라지는 행위를 반복한다. V가 "바로 그거야"라고 말한다.

—H의 이미지와 F의 이미지가 각기 5초씩 오버랩되어 나타났다 사라진다.

—V가 "수평선이 희미해져갈 때…… 하늘의 한갓 구름만 같은…… 아니, 무겁게 내려앉은 어두운 그림자 사이로 잠드는…… 새들의 외마디 외침과 같은……"이라고 읊조린다.

—H의 이미지가 다시 오버랩되어 나타나고, 페이드아웃되어 사라진다. 암전.

04

밤과 꿈

제작 개요

시나리오: 「밤과 꿈Nacht und Träume」(1982, 영어판)
제작: 「Nacht und Träume」(독일 SDR, 1982)
연출: 사뮈엘 베케트
방영: 독일 RFA(1983)
출간: 베케트의 「단편극 선집」(1984)에 수록.

작품 제목: 「밤과 꿈」의 제목은 슈베르트F. P. Schubert의 마지막 가곡 중 하나인 「밤과 꿈」(Op. 43, n° 2, si major)에서 가져온 것이다. 슈베르트의 「밤과 꿈」은 하인리히 요제프 폰 콜린 Heinrich Joseph von Collin의 시에 곡을 붙인 것이다. 「밤과 꿈」에는 이 가곡의 마지막 일곱 마디 선율과 마지막 시구("다시 오라, 은총의 밤이여/감미로운 꿈들이여, 다시 돌아오라")가 직접 인용된다.

구성요소:

① 저녁 빛. 무대는 뒷배경 벽면의 최상단에 위치한 작은 창(유일한 광원)으로부터 들어오는 빛(저녁 무렵의 어스름한

빛)이 비추고 있는 어둡고 텅 빈 공간이다.

② 꿈꾸는 자 A. A는 어스름한 빛이 비추고 있는 공간 왼쪽 전방에 놓인 책상 앞에 오른쪽 옆모습을 보이며 앉아 있다. 그는 희뜩한 회색빛 머리를 테이블 앞쪽으로 숙인 채, 양손을 테이블 위에 올려놓고 있다. 조명은 A의 푹 숙인 머리와 손이 놓인 테이블 위에만 주어진다.

③ A의 꿈에 등장하는 인물이자 바로 그 자신이기도 한 B. A가 고개를 푹 숙여 두 손 위에 얹은 다음 꿈꾸기 시작하면, 지상에서 10~20미터 높이의 보이지 않는 단상 위, 오른편에 B의 이미지가 나타난다. 꿈꾸고 있는 A와 동일한 자세지만, 마치 A의 거울 이미지처럼 왼쪽 옆모습을 보이고 앉아 있다. 조명은 희미하지만, A에 주어진 조명보다 부드럽다.

④ 꿈꾸는 B에게 출현하여 B의 머리를 쓰다듬고, 목을 축이고, B가 내미는 손을 잡아주는 또 다른 두 손, 왼손 G와 오른손 D.

⑤ 남자의 목소리로 낮게 흥얼거리는 슈베르트의 「밤과 꿈」의 마지막 선율(마지막 일곱 소절).

구성: 극 전체의 지속시간은 12분이며, 30개의 숏으로 이루어져 있다.

—화면이 점차 밝아지며, 어두운 저녁 빛이 비추는 텅 빈 공

간과 A의 모습이 보인다. 슈베르트의 「밤과 꿈」의 마지막
일곱 소절을 콧소리로 흥얼거리는 남자의 낮고 부드러운
목소리가 들린다.

—이윽고 화면이 점차 어두워지면, "감미로운 꿈들⋯⋯"로
시작되는 마지막 세 소절을 가사와 함께 흥얼거리는 낮은
목소리가 들린다.

—A의 이미지로 페이드인되며 희미하게 밝아지면, A는 고개
를 푹 숙이고 꿈꾸기 시작한다. 꿈꾸는 동안 A의 이미지는
그대로 화면 왼편에 희미하게 남아 있다.

—꿈꾸는 A의 모습과 함께 B의 이미지가 밝아지며 나타난다.
B는 꿈꾸는 A와 동일한 자세로, 그러나 왼쪽 옆모습을 보
이며 오른쪽에 위치해 있다.

—B의 위쪽 어둠에서 왼손 G가 나타나 B의 머리 위에 살며
시 얹힌다. B가 고개를 들자, 사라진다.

—B의 위쪽 어둠에서 이번에는 오른손 D가 잔을 들고 나타
나, 가만히 B의 입술에 갖다 댄다. B가 물을 마시고 나면,
손은 사라진다.

—D가 수건을 들고 다시 나타나, 살며시 B의 이마를 닦아주
고 사라진다.

—B가 고개를 들어 위쪽의 보이지 않는 얼굴을 응시한다.

—여전히 시선을 위쪽으로 향한 채, B는 오른손을 들어 올려
손바닥을 위로 쳐든다.

—오른손 D가 다시 나타나 B의 오른손 위에 살며시 얹힌다. B의 시선은 여전히 위쪽을 향해 있다.

—B가 시선을 내려 마주잡은 손을 바라보고, 왼손을 들어 그 위에 포갠다.

—세 개의 손이 다 같이 테이블 위로 내려오고, 그 위로 B가 머리를 숙인다.

—왼손 G가 다시 나타나 B의 머리 위에 살며시 얹힌다. 점차 어두워지며, 꿈의 이미지가 사라진다.

—다시 A의 이미지가 열리고, 화면 뒤쪽 상단의 저녁 빛이 보인다. A는 서서히 고개를 들어 처음의 자세로 돌아간다.

—슈베르트 가곡의 마지막 일곱 소절을 흥얼거리는 목소리가 들리고 무대의 저녁 빛이 서서히 꺼지며, 마지막 세 소절이 가사와 함께 들린다. "감미로운 꿈들이여, 다시 돌아오라……"

—다시 꿈꾸기 시작하는 A의 이미지가 나타나고, B의 이미지 또한 보이기 시작한다.

—이번에는 카메라가 전진하여 B의 모습을 클로즈업한다. 꿈꾸는 A의 모습은 사라진다.

—B의 꿈이 클로즈업과 느린 슬로모션으로 다시 한 번 반복되어 나타난다.

—카메라가 천천히 후진하여 A와 B가 함께 보이는 처음의 앵글로 돌아간다.

—꿈의 이야기가 서서히 사라지고, A의 이미지 또한 천천히
사라지며 암전된다.

베케트와 들뢰즈의 작품 목록

1. 사뮈엘 베케트의 작업

소설

Bande et sarabande

Murphy

Watt

Premier amour

Mercier et Camier

Molloy

Malone meurt

L'innommable

Nouvelles(L'expulsé, Le calmant, La fin) *et textes pour rien*

L'image

Comment c'est

Têtes-mortes(D'un ouvrage abandonné, Assez, Imagination morte imaginez, Bing, Sans)

Le dépeupleur

Pour finir encore et autres foirades(Au loin un oiseau, Se voir, Immobile, La falaise, Plafond, ni l'un ni l'autre)

Compagnie

Mal vu mal dit

Cap au pire

Soubresauts

시

Les Os d'Echo

Poèmes, suivi de *Mirlitonnades*

에세이

Proust

Le Monde et le pantalon, suivi de *Peintres de l'empêchement*

Trois dialogues

연극, 영화, 라디오 및 텔레비전 극

Eleutheria

En attendant Godot

Fin de partie

Tous ceux qui tombent

La dernière bande, suivi de *Cendres*

Oh les beaux jours, suivi de *Pas moi*

Comédie et actes divers(Va-et-vient, Cascando, Paroles et musique,
Dis Joe, Acte sans paroles I, Acte sans paroles II, Film, Souffle)

Pas, suivi de *Quatre esquisses*(Fragment de théâtre I, Fragment de
théâtre II, Pochade radiophonique, Esquisse radiophonique)

Catastrophe et autres dramaticules(Cette fois, Solo, Berceuse,
Impromptu d'Ohio, Quoi où)

Quad et autres pièces pour la télévision(Trio du Fantôme, ⋯que
nuages⋯, Nacht und Träume), suivi de *L'épuisé* par Gilles Deleuze

2. 질 들뢰즈의 작업

Empirisme et subjectivité, P.U.F., 1953.

Nietzsche et la philosophie, P.U.F., 1962.

La philosophie critique de Kant, P.U.F., 1963.

Nietzsche, P.U.F., 1965.

Le bergsonisme, P.U.F., 1966.

Présentation de Sacher-Masoch, Éditions de Minuit, 1967.

Spinoza et le problème de l'expression, Éditions de Minuit, 1968.

Différence et répétition, P.U.F., 1968.

Logique du sens, Éditions de Minuit, 1969.

Proust et les signes(1964–éd. augmentée), P.U.F., 1970.

L'anti-Œdipe(avec Félix Guattari), Éditions de Minuit, 1972.

Kafka: pour une littérature mineure(avec Félix Guattari), Éditions
de Minuit, 1975.

Rhizome(avec Félix Guattari), Éditions de Minuit, 1976(repris dans *Mille plateaux*).

Dialogues(avec Claire Parnet), Éditions Flammarion, 1977.

Superpositions(avec Carmelo Bene), Éditions de Minuit, 1979.

Mille plateaux(avec Félix Guattari), Éditions de Minuit, 1980.

Spinoza: philosophie pratique, Éditions de Minuit, 1981.

Cinéma 1: l'image-mouvement, Éditions de Minuit, 1983.

Cinéma 2: l'image-temps, Éditions de Minuit, 1985.

Foucault, Éditions de Minuit, 1986.

Périclès et Verdi: la philosophie de François Châtelet, Éditions de Minuit, 1988.

Le pli: Leibniz et le baroque, Éditions de Minuit, 1988.

Pourparlers, Éditions de Minuit, 1990.

Qu'est-ce que la philosophie?(avec Félix Guattari), Éditions de Minuit, 1991.

L'épuisé(in Samuel Beckett, *Quad*), Éditions de Minuit, 1992.

Critique et clinique, Éditions de Minuit, 1993.

Francis Bacon: logique de la sensation(1981), Éditions du Seuil, 2002.

L'île déserte et autres textes: textes et entretiens 1953~1974(édition préparée par David Lapoujade), Éditions de Minuit, 2002.

Deux régimes de fous: textes et entretiens 1975~1995(édition préparée par David Lapoujade), Éditions de Minuit, 2003.